젠더 수업 리포트

젠더 수업 리포트

젠더교육 활동가의 눈에 비친
우리 성교육의 안팎

이유진 지음

오월의봄

우리가 살고 싶은 세상을 만들기 위해

2019년 농촌 지역의 한 사립 고등학교에 교직원 대상 폭력예방교육을 갔을 때다. 강의 장소에 도착해 수업 준비를 하려는데 선생님들이 다가와 "오늘은 뭐 팔러 오셨어요?"라고 물었다. 사람을 잘못 봤나 싶었다. 알고 보니 그전까지 이 학교는 보험 상품이나 건강식품을 파는 회사에 폭력예방교육을 맡겨온 것이었다.

　그런 교육에 대해서는 나도 익히 들은 바가 있었다. 출장 판매를 하는 회사에서 강사진을 키워 의무적으로 폭력예방교육을 시행해야 하는 회사나 기관, 학교에 무료로 강사를 제공한다. 강의는 대충 짧은 동영상이나 유인물로 대체하고, 교육에 배정된 시간 대부분은 상품 홍보와 구매 상담으로 채워진다. 매년 교육을 해야 하는 입장에서는 공부를 제대로 안 해도 되고 예산도 아낄 수 있어 서로 '윈-윈'이라 여긴 것 아닐까.

방문 판매 사원으로 나를 오해했던 선생님들은 그 학교에서 일하며 '진짜 강사'(?)를 처음 만났다고 했다. 그러니까, 학교 예산으로 폭력예방교육 강사비를 지급한 첫 사례가 나였던 것이다. 하지만 그날 교육은 정말 힘들었다. '진짜 수업'을 처음 마주한 교사들은 강의 내용에 시비를 걸며 교육을 방해하거나, 듣다가 바쁘다고 나가버리기도 했다(그런데 이런 경우는 어디에나 있고, 사실 많이 벌어지는 일이다). 가장 압권은 "이렇게 인권, 인권 하면서 강조하니까 학생들이 자꾸 민원을 넣고 교권이 떨어진다"라는 항의였다(이 말도 어디에서나 나오고, 여러 번 들은 것이다).

(젠더기반) 폭력을 예방하기 위한 교육에서 인권을 강조하지 말라는 이야기는 무슨 뜻일까. 2018년 내가 소속된 단체에서 지역 고등학교 스쿨미투 사건의 공론화 활동을 할 때도 학교 측으로부터 비슷한 힐난을 들었다. "페미니즘 교육 때문에 여학생들이 미투를 한다." 이들은 왜 차별과 폭력을 행한 가해자에게 책임을 묻지 않고 한목소리로 인권과 페미니즘 교육에 비난의 화살을 돌릴까.

젠더교육 현장에서 '날것'으로 드러나는 역동과 목소리는 우리가 현재 어떤 사회에서 살아가고 있는지를 생생히 보여준다. 나는 젠더교육 활동을 하면서 학교뿐 아니라 우리 사회 전반에 여전히 민주 의식이 정착하지 않았다는 느낌을 자주 받았다. 그리고 이 교육의 목적이 궁극적으로 '피/가해자 되지 않기'가 아닌, '정의로운 시민 되기'라는 사실을 우리가 잊었거나 모르고 있는 게 아닐까 생각했다. 솔직히 강사인 나조차도 의구심이 들 때가 있다. 교육으로 정의를 세울 수 있을까?

젠더교육 활동을 시작한 지 어느덧 7년째다. 나는 인구 10만이 안 되는 작은 소도시의 농촌 지역에 살고 있어 주로 읍면 단위의 작은 학교에 강의를 많이 다닌다. 그래서 나의 교육 경험에 관한 이야기가 수도권이나 대도시의 그것과는 조금 다르게 느껴질 수도 있을 것이다. 대도시에 산다고 성인지 감수성이 더 뛰어난 건 아니지만, 대도시가 다른 문화와 새로운 교육을 접할 기회가 상대적으로 많은 환경이라는 점에서 '지역'의 경계를 넘을 때 나는 이질감을 느끼곤 한다. 나에게는 익숙하고 당연한 일에 대해, 대도시의 동료 활동가나 강사들이 "어쩜, 그런 일이 있어요?"라고 반응하는 것을 볼 때 말이다.

젠더교육 강사로서 처음 일을 시작했을 때 시골의 중학교에서 여학생을 대상으로 페미니즘 교육을 열었던 것은 지역과 성별이 가진 불균형을 조금이라도 깨보고 싶어서였다. 젠더교육 활동을 시작하기 전 나는 몇 년간 농촌의 여러 중·고등학교에서 청소년 상담 프로그램을 진행했다. 당시 만난 학생들이 들려준 고민은 '지역에서 함께 살아가는 어른으로서 나는 어떤 역할을 해야 할 것인가'를 돌아보게 했다. 청소년 입장에서 이곳에는 개인으로서의 자유도, 꿈꿀 수 있는 미래도 없다. 더구나 성(性)과 관련된 이슈에 대해서는 대화하거나 도움을 받을 만한 자원이 전혀 없어 보였다. 보수적이고 가부장적인 지역사회에서 특히 10대 여성은 더욱 억압받으며 소외되기 쉽다.

하지만 장소와 대상을 불문하고 젠더교육이 쉬웠던 적은 단 한 번도 없었다. 의무교육 현장은 강사가 맨몸으로 전쟁터에 뛰어드는 것과 마찬가지라는 생각이 들 정도다. 젠더나 페미니즘(또는 성평등)이라는 주제 자체에 반감과 거부감을 가진 사람이 대다수이기에, 강의를 시작하기 전부터 긴장되거나 기운이 빠질 때도 많다. 그래서 나는 강사 생활을 해온 기간 내내 이 일을 왜 하고 있는지 스스로 수없이 질문했다. 예비 강사들을 교육할 때도 이 질문을 꼭 던진다. 젠더교육을 왜 하고 싶은지, 그것이 자신에게 어떤 의미인지 말이다.

처음엔 어떤 역할이나 사명에서 출발했지만, 7년이 지난 지금, 내게는 아주 단순한 답이 남아 있다. '내가 살고 싶은 세상을 만들고 싶어서.' 몇 년 전 지역의 한 여자 고등학교 성폭력 예방교육에서 수업에 참여한 전교생에게 이런 질문을 한 적이 있다. "어떤 세상이 성평등한 세상일까요?" 그러자 같은 답이 쏟아져 나왔다. "밤늦게 길거리를 자유롭게 다닐 수 있는 세상." 우리가 꿈꾸는 세상은 당연한 것이 되어야 한다. 여성으로서 나의 안전과 자유, 인권과 평화를 누릴 수 있는 것. 젠더교육은 그런 세상을 만들기 위해 내가 할 수 있는 실천이다.

이 책에 담긴 하나하나의 이야기들은 2017년부터 최근까지 내가 젠더교육 현장에서 직접 겪은 일들이다. 수업을 하나 마칠 때마다 나는 젠더교육에 관해 해답보다는 의문을 얻곤 했다. 강사로서 내가 느끼는 문제와 고민을 어떻게 바라봐야 할지, 누구와 의논할 수 있을지 답답한 마음에 그것을 기록했고, SNS를 통해 주변과 나누었다. 나의 기록에 처음 관심을 기울인 곳은 페미니스트 저널 《일다》였다. 이것이 강사 개인의 '하소연'으로 보이지 않을까 염려한 내게 《일다》의 편집장 조이여울님은 "이런 문제를 사회적으로 알리는 게 의미 있다"라며 칼럼 연재를 권했다. 2020년 7월부터 2021년 2월까지 〈달리의 생생(生生) 성교육 다이어리〉라는 이름으로 《일다》에 원고를 연재하며 이 책에 실린 원고의 절반 정도를 미리 완성할 수 있었다. 글이 먼저 세상에 나오게 해준 《일다》와 조이여울 편집장님에게 감사드린다.

기존의 성/젠더교육 자료와 도서 대부분은 이론적인 내용을 전달하거나 매뉴얼 같은 질문에 답을 주는 등 교육의 방법적 측면을 다루는 것이 대부분이라, 이 책을 통해 젠더교육 현장의 생생한 '공기'와 '목소리'가 보태지면 좋겠다고 생각했다. 젠더교육에 대한 나의 경험과 기록이 현장에서 이루어지는 성평등 교육과 청소년 교육의 실태를 알리고, 앞으로 어떻게 교육해야 할지 함께 머리를 맞대며 이야기할 수 있는 통로가 되었으면 한다.

젠더교육 활동가이자 강사로서 외롭게 분투한 시간들을 낱낱이 글로 녹여내는 것은 쉽지 않았으나 그만큼 의미 있는 작업이었다. 나의 글이 지금 어디선가 고군분투 중인 동료 강사들에게 위로와 응원이 되면 좋겠다. 더불어 '우리'의 목소리가 이 책에서 함께 전해지길 빈다. 부끄러운 글을 책으로 만들자 제안해주고, 긴 시간 기다려준 도서출판 오월의봄과 이정신 편집자님에게도 감사의 마음을 전한다.

낯설고 불편한 젠더교육이
더 나은 세상으로 가는 다리가 되길 빌며
2023년 가을
이유진

1

젠더교육을 한다는 것

실은, 성교육* 못 받아본
성교육 강사입니다

제대로 된 성교육?

'학교 밖'에서 소수의 청소년과 성교육을 진행했던 적이 있다. 학교에서 진행하는 성교육처럼 의무적으로 수

---

* 한국사회에서 '성교육'은 흔히 생물학적 성을 중심으로 하여 2차성징과 신체 발달, 임신과 피임 등 주로 '몸을 둘러싼 성 지식'을 가르치는 것으로 통용된다. 그러나 필자가 언급하는 성교육은 '젠더'와 '섹슈얼리티'에 관한 교육을 모두 포함하며, 실천적인 부분에서 유네스코에서 제시한 '포괄적 성교육'의 내용을 지향한다. 포괄적 성교육이란 "성을 둘러싼 인지적·정서적·신체적·사회적 측면에 대해 교육하는 커리큘럼 기반의 교육 과정으로 …… 어린이와 청소년이 스스로의 역량을 강화하기 위한 지식, 기술, 태도, 가치를 갖추도록" 하는 교육을 말한다(《두산백과》, "포괄적 성교육", https://terms.naver.com/entry.naver?docId=6621755&cid=40942&categoryId=31730). 다만 이 책에서는 상황과 맥락에 따라 '성교육'과 '젠더교육'을 혼재해 사용했다.

강하는 게 아니라 본인이 신청해서 참여한 경우라서, 나는 이들이 학교의 성교육과 다른 무엇을 기대하는지 궁금했다. 그래서 성교육 신청 동기를 물었더니, 입을 모아 "제대로 된 성교육을 받고 싶어서"라고들 했다.

'제대로 된 성교육'이 뭘까? 나는 제대로 된 성교육을 하는 강사인가? 성에 관한 교육 활동을 하고 있지만, 솔직히 나도 성인이 되기 전에 제대로 된 성교육은 커녕 성교육 자체를 제대로 받아본 적이 없다. 아, 성교육 비슷한 걸 받아보긴 했지만 지금 돌이켜보면 그건 어떤 면에서 아동 학대와 가스라이팅에 가까운, 참 무시무시한 수업들이었다.

초등학교 6학년이 되자 2차성징이 시작되면서 가슴이 나오고 초경을 시작하는 친구들이 점점 많아졌다. 누군가 브래지어를 하고 학교에 오면 여자아이들도 속옷 끈이 드러나는 그 아이의 등짝을 신기하게 바라보았고, "사실은 나 생리해" 하고 단짝에게 몰래 비밀을 털어놓기도 했다. 그사이 남자아이들은 우리의 신체적 현상을 신나는 놀잇감으로 삼았다. 복도에서 몰래 다가와 브래지어 끈을 튕겨 친구들 사이에서 웃음거리로 만들고, 엄마 생리대를 가져와 거기에 빨간 칠을 하고 여자아이들에게 던지며 더럽다고 조롱했다. 나는 브래지어나 생리대를 착용하고 학교에 가는 게 매일 공포스러웠다. 누군가 내 몸을 만지거나 놀릴까 봐 두려워 교실에서 내내 얼어붙어 있었다. 여자아이들이 화내거나 울어도 남자아이들의 '장난'은 점점 더 심해졌다. 이를 지켜보던 담임 선생님은 어느날 결심한 듯 여자아이들만 교실에 남기고, 축구공을 하나 던져주며 남자아이들을 운동장으로 내보냈다.

선생님이 그 시간을 '성교육'이라 불렀는지는 기억나지 않는다. 우리는 그동안 남자아이들에게 당한 일들을 하나하나 말하며 선생님께 도움을 요청했다. 가만히 듣던 선생님은 우리에게 "안전벨트를 꼭 해야 한다"라고 당부했다. "남자아이들은 저 나이 때 짐승과 같아서 너희보다 미개하다. 걔들을 자극하지 않도록 너희가 평소 안전벨트[브래지어]를 꼭 해라."

이번에는 우리가 선생님의 말씀을 가만히 듣고 있었다. 그땐 뭔가 수긍이 가고 납득이 되었던 것 같다. 어렸지만 '내가 (남자아이들을) 이해해야겠구나' 생각했다. 아주 오랜 시간이 흘렀지만 '안전벨트'라는 말은 내게 강한 인상을 남겼다. 아빠보다도 나이가 많았던 담임 선생님은 우리 속옷의 명칭도 차마 입 밖으로 말할 수 없었던 모양이다. 그래도 왜 하필 운전할 때 생사를 가르는 도구인 안전벨트에 비유했을까. 내 가슴이 그렇게 위험천만한 것인가. 브래지어가 나의 목숨을 지키는 능력을 갖고 있나.

축구를 다 하고 돌아온 남자아이들은 호기심 어린

눈빛으로 우리에게 "왜 여자애들만 남았냐", "선생님이 무슨 말을 했냐"라며 캐물었다. 우리는 약속한 듯이 아무 말도 하지 않았다. 남자아이들이 '짐승'처럼 날뛸수록 여자아이들의 비밀과 은어는 늘어갔다. 우리는 안전벨트 속에 꼭꼭 숨어 있었다.

저 '안전벨트' 수업 이후, 내가 학교에서 정식으로 '성교육'이라고 부른 수업을 받아본 건 아마 딱 한 번이었을 것이다. 고등학교 2학년 무렵, 학급마다 과학실로 모이라는 교내 방송이 나왔다. 과학실에 갈 때마다 차가운 공기와 알코올 냄새가 어우러져 기분도 절로 서늘해졌는데, 그날따라 까만 암막커튼을 모두 달아 공포영화 보기에 딱 좋겠다는 생각이 들었다.

선생님들은 성교육 자료로 임신한 외국 여성이 나오는 비디오를 틀어주었다. 알고 보니 '낙태 수술'을 하는 과정에서 배 속의 태아를 어떻게 죽이는지 상세히 보여주는 영상이었다. 의사에게 잡히지 않으려고 꼬물거리던 태아의 모습은 수십 년이 지났지만 그 잔상이 머리에 남아 있다. 영상 내용에 충격을 받아서인지 수업에서 뭐라고 했는지는 전혀 기억나지 않는다. 다만 '임신중지'에 대해 그것은 끔찍한 일이며 '살인'이라는 생각이 들게 만든 것은 분명하다. 더불어 아이를 지운 여성을 비난하는 마음마저 들게 했다. 그로부터 몇 년 후, 나는 대학에서 페미니즘 공부를 하던 중 '낙태 수술'

과정에 대한 성교육용 영상이 외국의 '낙태 반대 운동' 세력에 의해 조작된 것임을 알게 되었다.

수업을 마칠 때쯤 선생님이 박하사탕을 가져와 '순결 의식'을 치르겠다고 했다. 이건 '순결 캔디'라 오늘 먹으면 결혼할 때까지 성관계를 하지 않기로 맹세해야 한단다. 친구들 몇 명이 앞으로 나가 신성한 것을 떠받들듯 두 손으로 사탕을 받았다. 나는 사탕 받기를 거절했다. "저는 결혼 전에 성관계를 할 것 같아요. 순결 지키기 싫어요."

하얀색 속옷, 하얀색 카라, 하얀색 양말, 하얀색 책상보, 하얀색 덧신만 허락되던 그로테스크한 여중과 여고에서 6년을 보낸 나는 순결의 상징이라는 하얀색 사탕을 보고 완전히 질려버렸다. 그 순간 갑자기 초등학교 6학년 때 들었던 말, '안전벨트'가 떠오른 건 우연이었을까? 알코올 냄새 때문인지 벨트 때문인지 갑자기 숨이 막혀와 과학실에서 얼른 나가버렸다.

대학에서 페미니즘 동아리에 참여하지 않았다면, 나의 성 지식이나 성에 관한 의식 수준은 '안전벨트'와 '순결 캔디'에서 멈췄을 가능성이 높다. 페미니즘 공부를 하면서 처음 '성적 주체로서의 나'를 인식하게 되었고, 학교에서 가르쳐주지 않은 여성의 몸에 관한 정보와 지식에 관심을 갖기 시작했다. 무엇보다 남성에게 제물로 바치기 위해 깨끗이 보존하고 지켜야 하는 몸이 아닌, 권리를 가진 존재이자 존중받아야 할 대상으로 서의 나를 '온전히 지키고 싶다'는 열망이 생겨났다. 이 '열망'이 바로 '성적자기결정권'[*]이었음을 나는 성교육 강사 과정을 공부하며 뒤늦게야 깨달았다. 사회적 권리 는 누구에게나 주어진다고 해서 자유롭게 '누릴' 수 없 다. 성적자기결정권이 실현될 수 있으려면 성적 존재로 서 개인의 주체성과 자유를 보장하는 법과 제도, 이를 존중하는 문화가 뒷받침되어야 한다. 따라서 사회제도 와 교육 체제에서 '침해받지 않아야 하는 권리'로서 성 적자기결정권을 다뤄야 한다.

페미니즘을 통해 처음 성적자기결정권을 인식하 게 된 나는, 모두의 성적자기결정권이 존중받아야 나 또한 자유로움을 누릴 수 있다는 사실을 알게 되었고 그래서 주변에서부터의 변화를 도모해왔다. 시절이 아 무리 변했다 해도 여성에게 '성'이란 여전히 미지이자 금기의 영역으로 여겨지기에 그것을 말하거나 꺼낼 기 회가 좀처럼 없었는데, 지역에서 페미니즘 활동을 하며

---

[*]   성적 주체로서 성과 관련된 것을 타인의 간섭 없이 스스로 결정 할 권리를 말한다. 사랑, 연애, 결혼, 임신, 출산, 성정체성, 성적 실천과 행동 등에 관해 스스로 판단하고, 무엇을 언제 어떻게 할 지, 또는 하지 않을지 스스로 결정하는 것이다. 한채윤, 〈성적 자 기결정권은 왜 필요한가〉, 《모두를 위한 성평등 공부》, 이나영 외, 프로젝트P, 2020 참고.

섹슈얼리티는 나와 주변 여성들에게 삶의 중요한 주제로 한층 가까이 다가왔다. 처음에 공부로 시작했던 우리는 문화적인 활동(미술, 공예 등)으로도 섹슈얼리티에 접근하고, 그것을 표현하고자 했다. 이 과정에서 이루어진 안전한 성적 대화는 '이런 말을 해도 괜찮다'라는 힘과 신뢰를 서로에게 쌓아주었고, 타인의 성을 통해 새롭게 배우고 그것을 포용할수록 나의 세계 또한 넓어졌다.

하지만 나는 페미니즘을 배우는 사람이었지 가르치는 사람이 되리라고는 생각해보지 않았다. 그런데 농촌 지역 중·고등학교에서 청소년 상담 프로그램을 몇 년간 진행하며 만난 10대 여성들로부터 성폭력 피해나 임신에 관한 고민을 여러 번 듣게 되었다. 대부분 가정의 보호나 지원이 취약한 이들이었다. 지역사회 또한 이런 문제를 가십거리로 소비하거나, 피해자에게 낙인찍는 분위기가 강했다. 실질적인 도움을 줄 수 없어 상담이 끝나고 나서 꽤 오래 자책의 시간을 보냈다. 왜 이들의 이야기가 내게도 선연한 고통으로 다가오는지, 자책을 넘어 분노에 휩싸이는 동시에 무기력에 젖게 되는 이유가 무엇인지 나 자신부터 들여다보게 되었다.

현재 10대 여성들이 겪고 있는 성폭력의 상처나 임신에 대한 고민은 나의 과거를 그대로 찍어놓은 이야기들이었다. 더 비극적인 사실은 나에게도 그것이 끝난 문제가 아니라 지금 내 삶에 어떤 형태로든 영향을 미치고 있으며, 내 미래에도 언제고 닥칠 수 있는 두려움이라는 점이다. 어느 누구에게만 해당하지 않고 몇 세대를 지나도 여전히 끊어지지 않는, 모든 여성의 삶을 관통하며 뒤흔드는 일이 반복되며 벌어져왔다. 그런데도 제대로 손 쓸 수 없는 현실은 그저 지켜보고만 있기엔 참담하기 이를 데 없었다. 그들의 '비밀'을 공유한 상담자로서, 바로 곁에서 살아가는 지역의 '어른'이자 동료 시민으로서, 같은 여성으로서, 무엇보다 누구에게도 말할 수 없는 고민을 안고 똑같은 10대를 보낸 사람으로서 나는 '뭐라도' 해야 한다고 생각했다. 그들뿐 아니라 우리 모두를 위해 '지금'을 바꿀 수 있는 일, 그런 역할이 필요하다면 기꺼이 손을 보태고 싶었다.

내가 10대였던 시절, 내게 가장 필요했던 건 무엇이었을까. 지금 10대 여성들에게 가장 필요한 건 무엇일까. 왜 그들은 실질적인 도움을 줄 수 없던 내게 '비밀'을 털어놓았을까. 그들은 '성'에 대해 이야기하고 물어볼 수 있는 사람, 그것을 말해도 비난하지 않고 들어줄 수 있는 사람을 찾았던 건 아닐까. 얼마 후 나는 성폭력 예방교육 강사 양성과정에 등록했다. '제대로 된 성교육'을 하는 사람이 필요하다고 생각했고, 그런 사람이 되어야겠다 마음먹었기 때문이다.

사실 '뭐가 제대로 된 성교육이냐'라는 질문에, 한

마디로 딱 부러지게 답하기는 어렵다. 그리고 나 스스로도 '제대로 (교육)하고 있는 거 맞나' 의심할 때가 부지기수다. 그래서 성교육에 참여하는 당사자들에게 자주 묻는다. 뭘 배우고 싶은지, 뭐가 궁금하고 알고 싶은지, 다른 교육에서 뭐가 부족했는지, 이 공부가 왜 필요한지. 그들에게 들으면서 나도 배운다. 아, 요즘 그런 것에 관심이 있구나, 이런 건 지겹다고 느끼는구나, 이런 방식은 흥미를 느끼는구나, 저건 어려워하는구나, 앞으로 이렇게 하면 좋겠구나……

제대로 교육하려면 제대로 알아야 한다. 제대로 알려면 먼저 내가 '무엇을 모르는지' 제대로 파악해야 한다. 이것은 비단 교육 대상에게만 해당하는 이야기가 아니다. 강사이자 교육자로서도 교육 대상이 어떤 성적 지식을 갖고 있는지, 어떤 성적 주제에 관심이 있고 필요를 느끼는지, 교육 대상마다 가진 성 문화의 환경과 특성이 무엇인지 충분히 알아야 효과적인 교육을 만들어갈 수 있다. 그러기 위해서는 교육 현장에서 서로 끊임없이 묻고, 토론하고, 관심을 기울여야 하는데 지금처럼 외부 강사가 1년에 한 번쯤 짧은 시간 만나는 것으로는 불가능한 일이다. '제대로 된 성교육'을 위해서는 그만큼의 시간과 준비가 필요하다.

만약 내가 10대로 돌아가 성교육을 받을 수 있다면 성에 대해 완벽한 지식을 갖춘 선생님이 아니라, 부끄러운 이야기도 편견 없이 들어주고 편안하게 대화할 수 있는 선생님, 어설픈 질문을 해도 지혜롭게 답해줄 수 있는 선생님, 있는 그대로의 나를 지지해주는 선생님을 만나고 싶다. 정보는 인터넷에도 널려 있다. 교육 현장은 정보 검색으로 다 담을 수 없는 삶의 지식과 지혜를 나누고 만들며 함께 체화하고 성장하기 위해서 필요하다.

글의 서두에 등장했던 "제대로 된 성교육을 받고 싶어서" 수업에 참여한 청소년들은 그날 성교육을 마치고 소감을 묻자, 가장 좋았던 점으로 "다른 사람의 이야기를 들을 수 있었던 것"을 꼽았다. 타인의 경험, 입장, 생각, 감정을 들으며 나와의 공통점과 차이점을 발견하고 상대를 이해하기 위해 노력하면서 저절로 배움이 일어난 것이다. 이러한 앎은 성에 통달한 강사가 줄 수 있는 게 아니라, 서로 간의 신뢰가 있는 집단의 역동 안에서 배울 수 있는 것이다.

청소년들과 만난 다른 교육 현장에서도 토론 등을 통한 참여 활동이 잘 이루어질 때 수업에 대한 만족도가 높은 것을 자주 확인할 수 있었다. 안타깝지만 성교육 수업에서 이런 경험을 해본 이는 많지 않을 것이다. 대부분의 교육은 짧은 시간 내에 일방적인 강의 형태로 이루어지고, 무엇보다 학교를 비롯한 교육 현장에서는 성에 대해 솔직하고 자유로운 대화가 금기시되기 때문이다. 우리가 성에 대해 안전하게 말하고 그것을 존중하며 들을 준비가 잘 되어 있을 때, 구체적인 삶과 연결해 성에 대한 새로운 질문과 상상력을 허용할 때, 성교육은 제대로 시작될 수 있다. 그러니까 우리는 제대로 된 성교육의 정의나 형태가 아니라, 그 조건과 방법을 모색해야 한다.

하지만 여전히 의심스럽다. '안전벨트'와 '순결 캔디'의 성교육은 정말 구시대로 물러났는가? 여성의 가슴과 임신중지를 죄악시하는 사회에서 '제대로 된 성교육'은 가능할 것인가? 우리에겐 이에 맞서 싸우는 성교육이 필요하다. 그래야만 10대 여성을 비롯한 모두가 '제대로 된 세상'에 살 수 있기 때문이다.

"성교육 수업에서
왜 페미니즘 교육을 하세요?"
'정상성'에 도전하는 질문이 필요하다

당황스럽지 않았다면 거짓말일 것이다. 수업에서 여성에 대한 외모 차별과 혐오 발언이 담긴 영상 자료를 틀자마자 학생들 몇 명이 "쿵쾅쿵쾅"이라 수군대며 킥킥거렸다. 교실에 비웃음이 퍼지자 영상 속의 인권 침해적 상황이 바로 희화화되어버렸다. 나는 수업의 본래 목적을 되찾기 위해 영상이 끝나고 학생들에게 왜 "쿵쾅쿵쾅"이라 했는지, 그게 무슨 의미인지 물었다.

갑자기 교실은 찬물을 끼얹은 듯 긴장된 분위기가 되었다. 그 말을 처음 뱉은 당사자는 나 못지않게 당황한 기색이었다. '그 말'의 의미에 대해 답해주는 사람은 당연히 아무도 없었다.

"'쿵쾅쿵쾅'은 온라인에서 페미니스트를 조롱하는

말이라고 알고 있어요. 왜 페미니스트를 조롱할까요? 그리고 조롱하기 위해 왜 하필 '쿵쾅쿵쾅'이라는 말을 쓸까요?"

긴장감이 흐르는 교실은 여전히 조용하기만 했다. 페미니스트를 조롱하는 은어가 비단 남학생 사이에서만 사용되는 것은 아니다. 이날의 수업은 여학교에서 진행했다.

"페미니스트는 성차별에 반대하고, 모든 성은 평등하다고 생각하는 사람을 말하는 거지요. '쿵쾅쿵쾅'은 뚱뚱한 사람이 걸을 때 큰 소리가 난다는 뜻을 담고 있는데요. 페미니스트는 못생기고 뚱뚱할 것이라는 편견에서 비롯한 혐오적인 은어입니다. 우리가 오늘 공부하는 성폭력 문제의 원인도 결국엔 성차별에 있어요. 차별이 없다면 폭력도 발생하지 않으니까요. 특히 여성은 우리 사회에서 외모로 평가당하거나 차별받는 경우가 많기 때문에 방금 관련 영상을 보여드렸어요. 페미니스트에게 '쿵쾅쿵쾅'이라고 하면서 조롱하는 데는 외모를 깎아내려 모욕감이나 수치심을 주려는 의도가 있는 것 같아요. 여러분은 아마 차별과 폭력에 대해서 당연히 나쁘다고 생각할 거예요. 그렇다면 페미니스트에게 '쿵쾅쿵쾅'이라고 말하는 건 괜찮을까요?"

젠더에 관한 수업을 맡은 사람으로서 최선을 다해 전달하려 했지만, 이 이야기가 학생들에게 공감을 얻었는지는 모르겠다. 그 수업은 마칠 때까지 아무런 반응을 얻을 수 없었다.

그런데 쉬는 시간이 되자 담당 교사가 나를 불렀다. 다른 학생들을 대상으로 한 수업이 두 시간 더 남아 있는 상황이었다.

"선생님, 성교육을 하라니까 왜 페미니즘…… 외모 얘기를 하셨어요?"

담당 교사는 학생들 몇 명이 자신을 찾아와 '성폭력 예방교육'에서 전혀 다른 주제의 수업을 했다는 불만을 제기했다며 난감해했다. 나는 수업에서 다른 내용이 성폭력 문제와 어떻게 연결되는지, 왜 그런 내용이 필요한지 선생님에게 설명했다.

"저희가 요청한 건 성폭력 예방교육이지, 성인지 교육이 아니잖아요."

그 말을 듣고 맥이 탁 풀리며 가슴이 답답해졌다.

"성인지적 관점 없이 어떻게 성폭력을 예방하죠? 성폭력 예방교육과 성인지 교육은 완전히 분리되어 있지도 않고 분리할 수도 없어요."

"그건 저희가 생각한 수업이 아니에요. 그리고 왜 성교육 표준안 사용 안 하세요? 선생님이 표준안 안 쓰시는 걸 미리 알았다면 강사로 섭외하지 않았을 거예요."

수많은 학교에 성교육과 폭력예방교육을 나갔지

만 어떤 학교에서도 '학교 성교육 표준안' 사용을 요청하지 않았다. 교육부의 이 성교육 표준안은 성교육 전문가와 단체를 비롯해 시민사회에서 많은 비판을 받아 왔다.* 그래서 성교육 강사들뿐 아니라 학교 보건 교사들도 그것을 그대로 사용하는 경우를 거의 보지 못했다.

담당 교사는 나머지 수업은 맡길 수 없다며 그 자리에서 일방적으로 계약을 종료시켰고, 마지막으로 이렇게 말했다.

"저는 그 아이들이 왜 그러는지[페미니스트를 혐오하고 조롱하는지] 이해가 돼요."

"그렇군요. 저도 선생님을 뵙고 나니 아이들이 왜 그러는지 알겠습니다. 앞으로도 그렇게 배우고 자라게 될 것 같아 안타깝네요."

사실 이런 학교가 처음은 아니다. 심지어 어떤 교

---

* 2015년 교육부에서 일종의 성교육 가이드라인으로 발표한 '학교 성교육 표준안'은 성고정관념을 강화하고 성폭력에 대한 왜곡된 인식을 심어주며 차별적이라는 비난을 국내외에서 크게 받았다. "교육부는 성교육 표준안에 대해 '시대착오적이고 편향적'이라는 비난이 잇따르자 16년 6월 학생건강정보센터 사이트(www.schoolhealth kr)에서 이 표준안을 아예 삭제해버렸다." 채윤정, 〈교육부 '성교육 표준안', '뻔뻔한 성차별주의' 국제적 망신〉, 《여성신문》, 2019년 1월 10일, https://www.womennews.co.kr/news/articleView.html?idxno=184225.

사는 강사가 페미니즘 성교육을 한다는 증거(?)를 남기려고 수업 중에 몰래 영상을 촬영했다가 걸리기도 했다. 무단 촬영에 항의하며 삭제를 요구하자 그 교사는 왜 성교육 시간에 페미니즘을 가르치느냐며 의구심을 드러냈다.

몇 년 전 스쿨미투가 벌어진 한 고등학교에서도 성교육 시간에 페미니즘을 다루었다는 이유로 문제 제기하는 학부모와 교사들이 있었다. 한창 입시에 열중해야 할 학생들이 페미니즘에 물들어 스쿨미투를 한다는 것이었다. 미투(#MeToo)의 원인이 성폭력 가해자가 아니라 페미니즘이라는 억지에 기가 막혔다. 도대체 페미니즘을 무어라 생각하는 걸까? 사이비 종교나 전염병? 그럼 자기 자식이나 제자를 어떻게 생각하는 걸까? 주체적 사유와 자율적 실천을 하지 못하는 인형 같은 존재?

성교육, 성평등 교육, 성인지 교육, 성폭력 예방교육…… 용어와 주제는 다르지만 성/젠더를 다룬 교육의 근본 취지와 목적은 다르지 않다. '모든 인간은 평등하다'라는 전제하에 성별(젠더)로 인한 차별과 폭력에 반대하고, 개개인의 성적 권리를 보장하는 것이다. 그러나 어린이부터 성인에 이르기까지 이렇게 다양한 교육이 주어짐에도 불구하고, 우리는 정작 '성'이 무엇인가에 대해 제대로 배우거나 사유해보지 못했다. 성적자기결정권에서 말하는 성이란 무엇인가. 우리는 그것을 어떻게 바라보고 실천해야 하는가. 이를 우리가 성교육 안에서 토론하거나 합의해본 경험이 있는가.

이 질문들 앞에서 페미니즘은 성을 더 다양하고 복합적으로 바라볼 수 있게 돕는다. 한국사회에서 '성'은 여전히 가부장적인 문화에 길들어 있으며, 남성의 욕구'만' 자연스럽고 당연한 것으로 취급한다. 성교육에서 성평등의 가치를 빼놓을 수 없을 뿐 아니라 그것이 성교육의 뿌리에 있어야 하는 이유다. 페미니즘은 편향적이고 차별적인 성 문화를 비판적으로 사유하게 하고, 소외된 존재와 권리에 대해 풍부한 상상력을 제공한다.

더불어 페미니즘이 스민 성교육은 사회적 통념이나 고정관념 바깥의 성을 상상함으로써 우리에게 익숙한 정상의 틀에서 벗어날 수 있는 힘을 갖게 한다. 정상은 보편이나 평범함이 아니다. 정상이 무엇인가는 그 사회의 권력이 정의한다. 페미니즘이 정상성에 도전하는 것은 권력의 구조와 바탕을 근본에서부터 깨기 위해서이다. 모두가 동등하게, 누구도 소외되지 않고 관계 맺고자 하는 희망이 페미니즘 안에 있고, 페미니스트는 그것을 삶에서 실천하고자 한다.

페미니즘에 반대하는 사람들에게 성차별은 보이지 않거나 중요하지 않다. 그들은 '정상'에 가깝게 살고 있거나, 삶의 주요 목표가 '정상(이 되는 것)'이기 때문이다. 그러니 스쿨미투를 한 자식에게 "미투를 하고 싶으면 대학 가서 하라"라고 말하는 양육자가 있는 것이다. '정상'이 권력이자 명예가 된 사회에 페미니즘이 부재할 때 자식의 일일지라도 인권은 부차적인 것이 되며, 성폭력은 사소한 것이 된다.

　　정상성에 의문을 품지 않는 성교육은 그래서 위험하다. 나는 성폭력이나 성착취, 임신과 임신중지, 가정폭력을 경험한 10대 여성들이 스스로를 '비정상'이라고 낙인찍는 것을 여러 번 보고 들었다. 이들이 자신을 비정상이라 여기는 이유는 폭력 피해가 없는 상태만을 정상이라 배웠기 때문이다. 생물학적 신체 중심의 성교육, 피해 '예방'교육의 틀 속에서 '정상성'이란 아무런 성적 이슈도 겪지 않는 '진공'의 상태임을 내포한다. 따라서 페미니즘 관점의 성교육이 도입된다면 정상과 비정상이라는 이분법적 사고에서 벗어나, 더 다각적이면서 섬세한 시선으로 젠더 문제를 이해할 수 있을 것이다. 성폭력 피해자를 지지하고 가해자에 책임을 묻는 사회를 만들어가기 위해 페미니즘은 성교육의 바탕이 되어야 한다.

　　미투 운동이 활발했던 시기인 2018년 청와대 국민청원에 올라온 '초·중·고 학교 페미니즘 교육 의무화' 청원은 20만 명 이상의 시민이 동의한 바 있다. 당시 청와대에서도 "페미니즘과 인권 교육을 통합해 체계적으로 개선하겠다"라고 두루뭉술하게 답했으나, 이후 정부와 교육부 어디에서도 제대로 된 대책을 내놓거나 변화를 만들어내지 않았다. 앞서 언급한 성교육 표준안은 2023년 현재 여전히 개편되지 않았고, 2022년 정권이 바뀐 후 성교육 관련 정책은 전 세계적 흐름을 거스르며 퇴보 중이다. 윤석열 정부 들어 학교 교육 과정에서 '성평등', '성소수자', '재생산권', '섹슈얼리티' 등의 용어를 삭제시켰고, 성 인권 교육 사업비 예산을 전액 삭감했다. 성교육이 존폐 위기에 놓인 상황인 것이다.

2020년 텔레그램을 통한 온라인 성착취 범죄 'n번방' 사건이 공론화되었을 때 피해자의 다수가 미성년자이고, 범죄 가담자가 6만 명 이상(경찰 추산)인 것으로 밝혀지자 많은 시민이 이에 공분하고 문제의 심각성에 공감했다. 그러면서 성에 대한 올바른 인식을 확립하고 성범죄를 예방하기 위한 성교육의 중요성이 사회적으로 대두되기도 했다. 하지만 당사자인 10대에게 주어진 성교육의 현실은 답답하고, 모순적이기만 하다. 성교육의 기본적인 지식과 지원을 모두 빼앗고 성적 존재로서의 권리도 인정하지 않으면서 성폭력을 '예방'하라는 요구를 어떻게 할 수 있을까? 페미니스트를 '성평등주의자'가 아니라 '남성혐오자'라 착각하게 만드는 사회문화의 토양에서 우리는 과연 성평등의 가치를 구현하는 성교육을 실천할 수 있을 것인가. 성교육에 실패한 결과는 결국 다음 세대의 '피해'로 이어진다는 점에서, 나는 지금의 모든 성인들이 이 문제를 함께 고민하고 책임지기를 바란다.

성교육의 효과를 묻는 당신에게

변화는 어디에나 있다

2019년 한 초등학교에서 교사 대상 성희롱 예방교육에 참여했던 교장이 내가 강의하는 중에 이렇게 따져 물었다.

"원론적으로는 강사분 말씀이 다 맞지만, 이렇게 교육을 한다고 사람들이 변할 거라고 생각하십니까?"

나는 순순히 대답해주었다.

"네, 변할 거라고 생각하고 실제로 변하는 모습들을 많이 봤습니다. 제가 사는 마을만 해도 많이 변했고요."

"그래서, 그 마을에는 성희롱이나 성폭력이 앞으로 한 건도 안 일어날 거라고 장담하십니까?"

순간 기가 막혔다. 교장은 재차 장담해보라며 추

궁하더니 강의 중간에 자리를 떴다. 아마도 평생 아이들을 교육하는 일을 해왔을 테고, 그 경력의 끝에서 최고 관리자 위치까지 오른 사람이 왜 이 교육의 효과에는 회의를 품고 적의를 보일까? 아이들이 거짓말을 하면 도덕 교육을 할 필요가 없어지는 것이고, 폭력을 행사하면 인권 교육이 쓸모없어지는 것인가?

그가 내 강의 내용에 동의한다고 한 말은 사실이 아니다. 만약 동의했다면, 교육의 효과를 실천하기 위한 방법에 대해 물었을 것이다. 하지만 그는 강의를 끝까지 듣지도 않고 자리에서 이탈했다. 조직의 대표가 교육 중 그와 같은 태도를 보이면, 나머지 직원들 또한 이 교육에 부정적 인식을 갖게 될 수 있다는 점에서 유감스러운 일이다. 그가 질문을 가장해 이 교육의 '무용함'을 주장한 이유는 무엇일까? 그가 '장담해보라'며 나를 몰아세운 것은 교육의 효과를 진짜 '의심'해서가 아니라, 본인이 변하고 싶지 않음을 비겁한 방식으로 돌려 말한 것과 다름없다. 사실은 자신이 기존의 차별적인 젠더 인식에 동의하기에, 성폭력은 사라지지 않을 거라 호언장담할 수 있는 것이다.

이렇게 성차별과 성폭력의 존속을 믿고, 심지어 그것을 바라는 사람들을 교육 현장 어디에서나 만날 수 있다. 하지만 역설적이게도, 이런 사람들 때문에 교육은 계속되어야 하며 나는 그 교장과 다른 의미에서 교육의 효과를 믿는다. 사람은 바꾸지 못하더라도, 공기는 바꿀 수 있다고. 성교육 활동의 발자국들이 그 증거이자 믿음의 씨앗이 되었다.

처음 성교육 강사 활동을 시작하며 누구에게 어떻게 접근해야 할지 고민하다, 내가 사는 지역의 청소년과 주민을 대상으로 성교육을 시작했다. 내가 살고 있는 마을은 공동체적 활동이 활발하고, 페미니즘 캠페인과 성평등 활동을 통해 성차별 문제에 대한 관심이 수면 위로 올라 한결 풍부한 논의가 가능한 분위기였다. 그래서 교육이 동반된다면 지역에서 성평등 문화가 더욱 활성화되리라는 기대가 있었다. 청소년 교육은 학교와 협의해 수업으로 들어갔는데, 주민 대상 교육은 누가 왜 올지 알 수 없는 상태였다.

시범적으로 연 첫 회에 마을에 사는 여성 주민 10여 명이 모였다. 젠더를 주제로 한 성교육 시간에 참가자들은 여성으로서 농촌 마을에서 살며 겪고 느낀 성차별 경험에 대해 자유롭게 대화를 나누었다. 일부 참가자들은 성교육에 참여하며 새롭게 느낀 문제의식을 공유하고, 현실에서 이를 바꾸어 풀어 나가기 위한 아이디어를 내놓았다. 그동안 마을에 있는 어린이집에서 행사를 할 때 아빠들이 공연 준비를, 엄마들이 음식 준비를 맡아왔는데 성역할을 바꿔보자는 제안이 나왔고, 얼마 후 실제로 행사가 그렇게 진행되었다는 이야기를 들었다.

교육이 현실과 만날 때, 그리고 지역사회에서 누군가 나의 불편함에 공감하고 그에 응답해줄 때, 변화는 생각보다 쉽고 빠르게 일어났다. 마을 안에서 이런 시도와 경험이 쌓이면 성역할은 더 이상 당연하지 않다는 사실을 어른부터 아이까지 함께 배울 수 있다. 경험과 실천은 강의에서 머리로 채울 수 없는 영역의 공부인 것이다.

여성 주민들로만 이뤄진 성교육이 아쉽다는 의견이 솔솔 들려와, 얼마 후에는 성인 남성 대상 성교육을 별도로 열었다. 기존에 페미니즘 공부 모임을 함께했던 남성 주민의 적극적인 홍보로 생각보다 참가자가 많았다. 첫 회와 마찬가지로 '젠더'를 주제로 성교육을 진행하면서 성과 성고정관념에 대한 서로의 인식을 살펴보고 남성으로서 자신의 생각과 삶을 돌아보는 대화를 나누기도 했다.

또 마을 안에서 '젠더 그물망 찾기' 작업을 해보았는데, 젠더 관점으로 볼 때 마을에서 가장 불평등한 공간이 어디인지 그 '그물'을 함께 찾는 활동이었다. 그래서 그곳을 어떻게 하면 성평등하게 바꿔갈 수 있는지 토론하고, 구체적인 아이디어를 생각해보기로 했다. 각자의 집에서부터 마을회관, 회의 장소, 초등학교 운동장까지 가장 일상적인 공간들이 속속 등장했다. 집 안에서 가사노동과 육아를 어떻게 분담하는지, 마을회관의 잔치 문화에서 주로 누가 일손을 돕는지, 회의할 때 누가 더 발언권을 갖고 누가 간식을 준비하는지, 운동장을 가장 자주, 많이 쓰는 사람은 누구인지. 자세하고 꼼꼼하게 살펴보니 우리가 쉽게 지나치는 모든 순간이 젠더라는 그물에 걸렸다. 어디도 이분법적인 성역할 규범에서 자유롭지 않았다.

그날 남성 참가자들은 일상을 바꾸기 위한 실천의 약속을 하나씩 만들었고, 페미니즘 책을 읽으며 공부하는 후속 모임을 1년 이상 꾸준히 진행했다. 성교육을 통해 마을 남성들과 성평등에 관해 진솔하게 대화할 수 있는 물꼬를 트게 된 것이다.

내가 마을에서의 성교육이 불러온 변화의 사례를 소개하면 어떤 사람들은 그건 특수한 경우라고 선을 긋는다. 정말 특수해서 그렇다면, 이곳은 무엇이 달랐을까. 말할 수 있는 장이 열렸고, 그 이야기를 들어주는 사람들이 있었던 것뿐이다. 성교육을 통해 사람들이 모이기 전에 나는 어린이집 행사가 어떻게 진행되는지도 몰랐고, 이웃 남성들도 성차별 문제에 관심이 있다는 것을 알지 못했다. 말하는 사람들 덕분에 몰랐던 세계를 배웠고, 듣는 사람들이 있어 고립감과 냉소를 떨치고 변화의 가능성을 믿게 되었다.

성을 어떻게 교육해야 한다거나 무엇이 가장 좋은

성교육인지는 나도 알지 못한다. 다만 교육이 서로를 통해 '일어날' 때 우리 삶에 가장 가까워지고, 거기에 변화가 따라온다는 사실을 꾸준히 목격했기에, 성평등한 세상을 만들기 위해서는 '성'에 대해 말하고 듣는 자리가 필요하다고 믿을 뿐이다.

몇 년 전, 100명이 넘는 공무원들 사이에서 혼자 손을 들고 용감하게 이야기한 어떤 여성이 기억에 남는다. 공공기관의 성인지 교육 시간, 마을에서의 페미니즘 활동과 이웃 간의 연대에 대한 강의를 마무리하고 질문을 받으려던 참이었다. 어떤 청년 여성이 손을 들더니 '말하기'를 시작했다. 마을에서 활동하며 성희롱을 당했던 경험, 조직 내의 성차별 관행, 젊은 여성의 외모를 대상화하는 문화 등을 하나씩 나열하며 자신과 같은 청년 여성들이 지역에서 계속 살아가기 위해 성 문화가 바뀌어가기를 바란다는 것이었다. 강의가 끝날 거라 생각하고 짐을 싸던 그의 동료와 상사들은 어느 순간부터 동작을 멈춘 채 진지하게 듣고 있었다. 그의 '말하기'가 끝난 후, 나는 고맙다고 말했다. 우리 마을의 '말하기'는 다른 지역의 '말하기'로 이어졌고, 그 소중한 목소리를 통해 그가 속한 지역의 공기는 조금 달라졌을 것이다. 세상은 그렇게 한 뼘씩 나아간다.

청소년 성폭력 예방교육을 할 때 내가 가끔 하는 질문이 있다.

"여러분은 어떤 친구가 되고 싶나요? 이야기를 들어주는 친구? 아니면 침묵하게 만드는 친구?"

모두 친구의 이야기를 들어주고 싶다고 말한다. 들을수록 우리는 내 몸 바깥의 세계와 접촉하며 함께 성장할 수 있다. 그것이 새로운 세상을 불러오는 배움이고, 성교육이 가르칠 수 있는 윤리라고 생각한다.

어디에나 있는 '한 사람'을 위해

의무교육 현장 이야기

몇 년 전 내가 속했던 여성주의 문화 단체인 '문화기획
달'에서 농촌 페미니즘 캠페인을 진행했을 때, 마을 포
럼 운영자들로부터 페미니즘이나 젠더를 주제로 주민
대상 강의를 기획해보면 어떻겠냐는 제안을 받았다.
이곳에서 처음 시도되는 것이라 반갑고 고마운 기회
였다.

"성인 대상 성교육을 해보면 어떨까요?"

"성교육? 에이, 다 커서 무슨……"

약간 민망해하며 웃어넘기는 상대의 반응이 의외
였고, 의아했다. 이 마을에서 활동을 주도적으로 끌어
가는 40~50대 중장년 세대는 가정이나 학교에서 성교
육을 제대로 받아보지 못한 이들이 많다고 알고 있다.

그런데 성교육을 제안하자 마치 '이미 알 것 다 안다', '이제 와서 배울 게 뭐가 있냐'는 태도를 보이는 걸 보며 성에 대한 우리의 시각과 이해의 격차를 실감할 수 있었다(참고로, 이 대화가 있은 지 1년 후 필자가 활동했던 단체 '문화기획달'에서 마을 성인 주민 대상 성교육과 남성 대상 성교육을 진행했다).

성교육은 성관계하는 법을 가르쳐주는 것도 아니고, 성인이 되었다고 해서 자동으로 성에 통달하는(?) 것도 아니다. 성교육은 몸과 성을 넘어 자신을 알아가는 일이며 그것은 평생에 걸쳐 꾸준히 업데이트되어야 한다. 성에 대한 지식과 문화는 개인의 감각과 욕망, 그리고 사회적 관계와 서로 영향을 주고받으며 끊임없이 변하고 움직이기 때문이다. 이런 면에서 영어 공부보다 성/젠더교육이 훨씬 실용 학문에 가깝지 않을까?

나는 궁금하다. 사람은 평생 배워야 한다면서 나이가 들어도 공부를 놓지 않고 취미로 전문 분야를 섭렵하는 이들은 주변에서 쉽게 볼 수 있는데, 왜 성에 대해서는 더 배울 게 없다고 여기는 이들이 많은지, 그리고 다 안다며 강의 시작부터 팔짱을 끼는지 말이다.

사람들 앞에 서는 일을 별로 두려워하지 않는 편이지만 의무교육 현장에 갈 땐 아랫배에 힘을 주고 나선다. 수업을 듣는 곳에서 이 교육을 환영하거나 반기지 않는 경험을 반복적으로 겪었기 때문이다. 나는 주로 학교와 공공기관 등 매년 성인지 교육이나 폭력예방 교육을 의무적으로 실시하는 기관에 방문하는데, 어딜 가도 시작 전부터 공통적인 불만의 목소리, 그러니까 '시간 아깝다', '뻔하다', '매년 똑같다' 같은 이야기가 들려오곤 한다. 그중 청소년과 성인을 불문하고 가장 많은 '주장'은 '배울 게 없다'라는 것이다.

잠깐, 내가 정확히 들은 게 맞나? 혹시, '배우고 싶지 않다'를 잘못 들은 게 아닐까? 일단, 어떤 조직에 '공적'으로 속해 있으면서 개인이 배우고 싶은 것만 배우면서 살 수 있나? 전국에 집계된 스쿨미투가 일어난 학교가 100여 곳이고, 공직 사회에서 성비위 사건이 연쇄적으로 벌어지는데 '배울 게 없다'라는 주장의 근거는 어떻게 확인할 수 있을까?

특히 교사들과 공무원들은 연수가 너무 많다고 호소하기도 한다(그게 강사에게 호소할 일인지는 모르겠지만……). 이런저런 교육을 받느라 일할 시간이 부족할 지경이라는 것이다. 그런데 흡연 예방교육, 자살 예방교육, 안전 교육 등 다른 의무교육에서도 젠더교육 현장에서만큼 날 서고 불편한 반응을 그대로 드러내는지 모르겠다. 이 교육에 특별히 더 첨가된 거부감과 저항감의 밑바닥에는 성평등과 성폭력은 자신에게 중요한 의제가 아니라는 낮은 젠더의식이 깔려 있는 것 같다.

성폭력은 '나쁘다'는 데 동의하지 않는 사람은 거

의 없다. 그런데 성폭력이 '무엇'이냐는 질문에는 서로 다른 답을 한다. 성폭력 예방교육에서 '동의'를 주제로 토론하다가 성관계를 강요하는 것이 폭력이냐 아니냐로 논쟁이 벌어질 때가 종종 있다. 그것이 폭력이 아니라는 쪽에서는 '강요만 했지, 실제로 (물리적) 폭력을 쓰지는 않았기 때문에' 폭력이라 할 수 없다고 주장한다. '강요' 자체가 폭력이 될 수 있음을 간과하는 이들은, 성'폭력' 사안에 대해 그것을 자꾸 '성(관계)'이라 답한다.

일반 폭력 사건과 비교해보면 '성폭력'과 '폭력'에 대한 사람들의 시선 차이를 더 명징하게 알 수 있다. 물리적 폭력이 발생했을 때 피해자를 탓하거나 의심하는 경우는 거의 없지만, 성폭력 사안에서는 그렇지 않다. 심지어 피해자가 전국 방송 뉴스에 자신의 얼굴과 이름을 모두 공개하고 성폭력 사실을 폭로해도 사람들은 증거가 아니라 자기만의 '신념'에 따라 그것을 성범죄가 아니라 무고나 불륜이라 믿어버리곤 한다. '성'에 대한 가부장적 인식과 '폭력'에 대한 몰이해가 피해자에 대한 편견을 강화하고, 성폭력을 '논란'이나 '추문' 따위로 희석시키며 중범죄를 '스캔들'로 소비하게 만든다.

'배움'은 자신이 '모른다는 것'을 인정하는 데서 출발한다. 자신의 빈칸을 채우고 오답을 고치려는 자세가 공부의 기본적인 태도다. 나는 다 알고 있고, 더구나 내가 아는 것이 '정답'이라 확언하는 사람들에겐 아무리 날고 기는 강사를 데려와도 교육의 효과를 기대할 수 없다.

　학교나 기관, 회사에서 실시하는 의무교육은 '폭력 예방교육'이라는 이름으로 매년 성희롱, 성폭력, 성매매, 가정폭력이라는 네 가지 주제 모두를 각각 다루게 되어 있다. 교육 시행 여부와 강사 정보, 출석 현황 등을 관련 부처에 공식적으로 보고해야 하고, 감사도 받아야 한다. 업무 시간 중 전 직원이 참여해야 하기에 교육 대부분은 집합 강의 형태로 단번에 이루어진다(코로나19 팬데믹 이후로는 이마저도 생략되거나, 자료 영상 등 더 간편한 방식으로 전환된 곳이 많다).

　적게는 수십 명, 많게는 수백 명이 모여 한 시간 가까이 강사의 일방적인 '말'을 듣는 것 외에는 다른 방법으로 수업을 진행하기가 거의 불가능하다. 당연히, 집중도와 참여도가 낮을 수밖에 없다. 학교에서 강의할 때 학생들은 자연스럽게 문제집이나 이어폰을 가져오기도 한다. 학생 입장에서 자율학습 시간, 쉬는 시간과 다를 바 없기 때문이다. 성인들은 대놓고 잠을 자기에는 눈치가 보이니 주로 스마트폰을 쳐다보고 있다. 사실 끝까지 자리에 앉아 있기만 해도 고마운 일이다. 시작할 때와 마칠 때 갑자기 우르르 나타나 출석부에 서명만 하고 사라지는 경우도 비일비재하다.

이런 실정이니 강사가 너무 열심히 준비하거나 성실하게 임하면 주최 측에서 당황할 때도 있다. 강의를 의뢰할 때부터, 심지어 현장에서 강의 시작 직전에 배정된 시간보다 빨리 마쳐달라고 요구하는 경우가 부지기수다. 이를테면 두 시간짜리 교육을 한 시간만 진행해달라는 것이다. 그래도 강사비는 두 시간에 준해 지급한다며, 마치 상부상조(?)인 양 제안한다. 그런 방식으로는 내용을 다 전달할 수 없어 교육을 하나 마나이고, 나도 거짓 보고를 할 수 없다며 여러 번 거절했는데 이게 '관행'이라고들 한다. 학교와 기관에서 이 교육을 '시간 때우기'로 여기는 분위기가 농후하다면 거기에 소속된 학생들이나 직원들이 이 교육의 중요성에 공감할 수 있을까?

기관마다 강사를 섭외하는 방법이 다르지만, 어떤 기관에서는 매년 같은 강사를 섭외하기도 한다. 나에게도 그런 '단골'이 몇 있는데, 같은 기관에 3년째 강의를 가면서 수강생들이 그동안 내 강의를 잘 이해했는지, 배운 내용을 기억하고 있을지 문득 궁금해졌다. 그래서 강의를 시작하자마자 예고 없이 '쪽지 시험'을 치렀다. 배운 것 중 기억나는 것을 모두 써보고, 강의 중 자주 나온 용어나 중요한 개념을 풀어 쓰라 한 것이다. 오늘도 가만히 듣기만 하면 될 줄 알았던 모두가 당황했다. 어떤 이는 왜 객관식이 아니냐며 귀여운 항의(?)를 하기도 했다. 시험지를 걷어보니 예상대로 대부분 답을 거의 쓰지 못했다. 멋쩍어하는 수강생들에게 이것은 테스트가 아니라 '내가 무엇을 알고 모르는지' 스스로 확인하기 위한 교육의 과정이라며, 정말 '안다'면 자기 언어로 설명할 수 있어야 한다고 말했다.

지식이 자기 것이 되려면 그저 남의 말을 듣는 것만으로는 충분치 않다. 자신의 언어가 있어야 하는데, 지금과 같은 형식적인 의무교육 시스템으로는 그것을 갖추기 어렵다. 강의 경험이 쌓일수록 교육 인원이 적어야, 토론 등 서로의 의견을 나눌 수 있는 참여 활동이 많아야 교육이 훨씬 효과적이라는 사실을 확인할 수 있었다. 교육이 효과를 잘 거두려면 그에 걸맞은 투자(시간, 예산, 기획 등)가 필요하다. 그리고 조직 구성원들이 교육을 어떻게 받았는지가 업무/학습 능력이나 공동체에 대한 기여도로 평가되어야 하며, 조직 내부에서 교육의 효과를 확인하기 위한 지표와 절차까지 갖추어야 교육과 사람 모두 성장할 수 있을 것이다.

의무교육의 현실이 이렇듯 척박함에도 불구하고, 예비 강사 시절에 들었던 한 여성학자의 강의는 교육 활동을 하는 사람으로서 내가 회의보다 희망 쪽에 눈을 두는 계기가 되었다. 대략 다음과 같은 이야기였다. "의무교육 현장에서 수강생들이 워낙 교육의 피로도를 호소하다 보니 어떤 강사분들은 수강생들의 협조와 참여를 유발하기 위해 '여러분 (강의 듣기) 많이 힘드시죠' 하면서 강의를 시작하는데요. 우리가 잊지 말아야 할 게 있습니다. 어떤 분들은 자신의 직장에서 이 교육이 열리기를 간절히 기다렸을 수 있어요."

정신이 번쩍 나는 것 같았다. 가끔 어떤 강사들이 수강생들에게 "여러분 매년 듣느라 피곤하시죠" 혹은 "업무도 많으실 텐데 빨리 끝내드릴게요"라고 하면서 강의를 시작하면 이 교육을 맡은 강사조차 수강생들의 눈치를 본다는 느낌을 지울 수 없었다. 마치 모두가 이 강의를 원하지 않지만 어쩔 수 없이 해야 한다는 데 강사마저 동의한 것처럼 보여 씁쓸했다. 그러나 한편으로는 저렇게 수용해주는 방식이 적대적인 공기로 가득한 강의 현장에서 강사가 발휘할 수 있는 완충 장치이자 '스킬'이라면, 나도 저런 태도로 임해야 하나 혼란스럽기도 했다. 이 교육이 소모적이고 불필요하고, 특히 자신에게는 중요하지 않다는 '일부'의 목소리에 열심히 귀 기울이는 동안, 평등하고 안전하고 민주적인 조직을 열망하는 다른 이들의 존재를 잊을 뻔한 것이다.

강의 활동을 시작해보니 정말이었다. 100명의 사람이 '내가 왜 여기 앉아서 이런 얘길 들어야 하나' 하는 표정을 짓고 있어도, 저 구석 어딘가 홀로 눈을 빛내면서 고개를 끄덕이며 반응하거나 때로는 메모를 열심히 하며 듣는 사람들이 분명히 자리하고 있었다.

더 배울 게 없다는 사람, 솔직히 배우고 싶지 않은 사람, 몰라도 사는 데 지장 없는 사람, 그래서 계속 모르고 싶은 사람들은 사실 똑똑히 알고 있다. 이런 지식과 토론의 생산이 자신에게 결코 좋을 게 없다는 것을 말이다. 의무교육의 형태와 방식에 대해서는 앞으로도 활발한 논의와 개선이 이뤄져야겠지만 나는 아직 그 '한 사람'을 바라보며 교육 활동을 이어가고 있다. 언젠가 이 길에 열 사람, 백 사람이 함께 걷는 모습을 상상하면서.

네가, 아니, 내가 정말 괜찮아지기 위해
나는 이 일을 하고 있다
세상을 바꾸는 우리의 목소리

우리가 마지막으로 본 지 벌써 여러 해가 흘렀다. 아마 너는 지금 취업을 준비 중이거나 사회생활 초년생으로 열심히 살고 있겠지. 호기심 많고 성실했던 너이니 어디서 무엇을 하든 네 자리를 잘 찾아가 주변 사람들에게 사랑받을 거라 믿어.

'그날' 너는 나에게 웃는 얼굴로 "저는 괜찮아요"라고 했다. 그 말을 하는 너의 눈에는 눈물이 그렁그렁했지만. 전혀 괜찮을 수 없는 순간에조차 선생인 나를 안심시키려 괜찮다고 하는 너의 마음이, 그래, 너답다 싶으면서도 그게 한없이 가슴 아팠어. 그 후에도 너는 정말 괜찮았을까. 괜찮다던 너의 말이 떠오를 때마다 차마 흘리지 못했던 너의 눈물이 여전히 나는 걱정된다.

차라리 그때 내 앞에서 네가 마음껏 울었더라면 지금 나는 널 덜 걱정했을까.

학교 상담 프로그램을 통해 처음 만났을 때부터 너는 다른 친구들에 비해 활발하고 적극적이어서 저절로 마음이 가는 아이였어. 만난 지 1년 가까이 지난 어느 날 네가 가만히 다가와 "선생님, 저 할 얘기가 있어요"라고 했을 때, 그게 무슨 일인지 몰랐는데도 왠지 심장이 빠르게 뛰기 시작했다. 애써 아무렇지 않은 척 몰래 숨을 고르고 최대한 담담하게, 너의 이야기를 처음부터 끝까지 잘 들으려고 했다. 이야기하며 네가 울먹일 때마다 내 가슴도 함께 무너져 내렸지만 그래서 너를 껴안고 같이 욕하고 펑펑 울어버리고 싶었지만, 꾹꾹 눌러 참았어. 날 믿고 말해준 너를 누구보다 잘 보호해줄 수 있는 사람 중 하나가 되고 싶었어.

나는 네 이야기를 다 듣고 나서 처음에 이렇게 말했어. "나에게 말해줘서 고맙다." 고맙다는 말은 진심이었지만 마음 한편은 무척 아려왔다. 이렇게 띄엄띄엄 알고 지낸 나 말고는 네가 주위에 이런 얘길 할 수 있는 사람이 없었던 것 같아서. 이런 나라도 '그 일'에 대해 들어줄 수 있어 다행인 걸까. 그런데 나는 너에게 무얼 해줄 수 있을까.

너는 나에게든, 이 일에 관해서든 바라는 게 없다고 했지. 나에겐 그저 털어놓고 싶었을 뿐이니 듣는 것으로 나의 역할은 끝난 거고, 이 일은 그저 지나가게 두면 된다고, 더 나쁜 일이 생기지 않기를 바라는 것으로 너는 마무리 짓고 싶어 했어. 그때 너도 느꼈는지 모르겠지만 나는 너와 함께 있는 동안 무수히 갈등했단다. 너에게 무엇을 하자고 해야 할지, 하지만 무엇을 할 수 있을지, 그것이 진정 너를 위한 것인지…… 무엇보다 '그 일'을 들어버린 나. 정말 나는 듣기만 한 것으로 다 된 걸까?

그런데 백방으로 방법을 찾으면서 알게 되었어. 내가 실제로 할 수 있는 게 정말로 거의 없다는 걸. 네 일은 너의 '보호자'들 손에 모두 맡겨져 있다는 걸.* 시간이 더 지나고 알게 되었어. 그런 비밀을 가진 게 너만이 아니라는 걸. 심지어 어떤 비밀들은 동네 사람, 학교 선생님 모두가 공공연히 알고 있다는 걸. 그래서 모두의 공모하에 함께 비밀로 취급하며 침묵하고, 아무 일도 없다는 듯 살아가고 있다는 걸. 여기에서 네가 과연 선택이라는 걸 할 수 있었을까? 여기에 너의 편이 되어

---

* 아동·청소년이 성폭력 피해자인 경우 제3자가 신고는 할 수 있어도 사건 처리 과정에는 개입할 권한이 없다. 이 글의 배경이 된 시기, 나는 내가 거주하는 지역에서 청소년 성폭력 피해자의 보호자(부모)가 사건을 은폐하려 하거나, 고소까지 가더라도 가해자와 합의한 사례들을 목격했다. 작은 마을, 좁은 관계 속에서 성폭력 사건의 공식적인 해결은 피해자 가족도 원치 않는 경우가 많다.

줄 사람을, 너는 찾을 수 있었을까?

이곳의 밑바닥에 도사린 집단주의적 정서와 가부장적 권력이 당연하게 여겨지는 일상 정치에 대해 잘 모르는 사람들은 마을 입구에 선 '범죄 없는 마을'이라는 표지판에서 농촌의 무결함이나 순수성을 떠올릴지 모르겠다. 하지만 도시와 농촌의 세계 그 어디서도 도통 적응을 못 하던 나는 그 표지판을 볼 때마다 정말 범죄가 일어나지 않는 걸까, 아니면 범죄가 범죄로 취급되지 않는 걸까 의심하곤 했다. 서로가 다 선후배고 친척이고 이웃사촌인 작은 시골 마을에서 '가해자'와 '피해자'가 존재한다는 건 모두를 혼란과 위태로움에 빠뜨릴 테니. 농촌에서의 성범죄 검거율이 도시보다 10퍼센트 포인트 가까이 낮은 건 그만큼 이곳이 가해자 중심의 공간임을 증명하는 것이겠지.[*]

실제로 나는 지역이나 학교에서 성폭력 사건이 불거질 때마다 가해자 부모와 가족들은 억울하다며 큰소리를 치고, 피해자는 '소문'의 주인공이 될까 봐 숨죽이

~~~~~~

[*] 한국형사정책연구원은 2021년 1월 펴낸 연구 보고서에서 농촌 주민들은 공동체가 깨지는 걸 두려워해 신고를 꺼린다고 분석했다. 이 때문에 농촌의 성범죄 검거율은 75%로, 도시 지역의 84%보다 낮다. 민소운, 〈성범죄 두려움에 떠는 '홀로 사는' 농촌 노인들〉, 《KBS뉴스》, 2021년 7월 8일, https://news.kbs.co.kr/news/pc/view/view.do?ncd=5228118.

는 모습을 반복해서 목격했다. 명백한 범죄인 성폭력이 '잘못'이라고 말하는 것만으로도 비난받고, 침묵이 마치 중립적인 태도인 듯 피해자와 진실을 동시에 기만하는 공동체 구성원들 덕분에 가해자가 계속 발 뻗고 살수 있는 곳이 너무 많았다. 이런 곳에서 과연 누가 '고발'을 결심할 수 있을까. 그리고 '고발' 이후 당사자의 삶은 안온할 수 있을 것인가. 그래서 나는 어떤 피해자를 만나도 이 부정의함 속에 같이 뛰어들자고 감히 말할 수 없었다. 잘못하면 처벌을 받고 책임을 지는 것이 당연하다고 배웠지만, 우리는 그 당연한 세상을 누릴수가 없었다. 나는 너에게 당연한 세상을 보여주고 싶었다. 그래서 네가, 피해자인 네가 괜찮다며 애써 다른사람을 위로하지 않기를 바랐다.

결국 나는 마지막에 네게 "미안해"라 말하며 울음을 터뜨렸다. 너는 나를 와락 안고 눈물을 삼켰다. 나는너와 네 친구들에게 나보다 나은, 나의 10대보다 안전하고 평화로운, 그 '당연한 세상'을 물려주고 싶었지만어디서부터 잘못되었는지 모른 채 완전히 실패하고 말았다. 아무도 이 실패의 책임을 지지 않는 것에 대해 나는 누구도, 나 자신조차도 용서할 수 없었다. 나는 너에게 내 연락처를 주며 언제든 무슨 일이 생기든 편하게연락하라고 했지만 넌 그 후로 한 번도 나를 찾지 않았지. 너에게 아무 일도 없기만을 바라며 나는 오랫동안 무력감과 자책에 빠져 있었다. 그리고 나는 왜 너의 일이 나의 일 같은지, 자꾸 왜 나는 '너'로 머물러 있는지 스스로 계속 질문했다. 너는 아무 일도 없었던 것처럼 너의 삶으로 되돌아갔다. 하지만 나는 네가 괜찮다고 한 날, 내가 미안하다고 한 그날로 자꾸만 되돌아갔다. 거기 머물러 계속 '정말 아무것도 할 수 없나' 홀로 곱씹곤 했다.

네 덕분에 나는 새로운 직업을 갖게 됐어. 그다음 해 나는 젠더교육 강사가 되는 길을 찾아 공부를 시작하고 지금까지 지역의 많은 학교에 다니고 있단다. 사실 이 일이 너무 재미있거나 돈을 많이 버는 건 아니야. 오히려 매번 수업 때마다 긴장하고 좌절하고, 아무리 해도 세상이 나아질 수 있을지 고민이 떠나질 않는 것 같아. 그래서 일을 그만둘까도 수없이 생각했는데, 그때마다 내가 왜 이 일을 시작하게 됐는지 떠올렸고 그곳엔 언제나 네가 있었어. 말할 사람이 없었던 너와 해줄 말이 없었던 나. 우리 둘의 슬픔이 갇혀 있던 그 교실과 복도가 몇 년이 지나도 가슴 한쪽에 남아 있어.

언젠가 진행하기가 아주 어렵던 학교 수업이 있었어. 대다수의 학생이 무례하거나 불성실한 태도여서, 그날도 이 일을 그만둬야 하나 생각하며 한숨이 나왔지. 그런데 수업이 끝나고 한 여학생이 쪽지에 수업 소감을 적어 내 손에 쥐여주었어. 친구들이 제대로 참여하지 않았는데도 끝까지 좋은 수업을 해주어서 고맙다고, 평소 궁금했지만 배울 수 없던 내용을 알게 되어 기쁘다고, 그리고 세상이 변할 때까지 목소리를 내달라고 부탁하는 내용이었다. 몇 년이 지났지만 그 쪽지는 아직 내 책상 앞에 붙어 있어. 나는 그날 내가 할 수 있는 유일한 일을 깨달았다. 말할 수 없는 사람들, 특히 우리 사회에서 10대 여성들을 위해 대신 목소리를 내는 것. 아니, 이것은 나를 위한, 나의 목소리이기도 해. 우리의 목소리를 끝까지 잃지 않고 세상에 퍼뜨리기 위해 나는 아직 이 일을 그만두지 않고 있다. 우리는 서로의 목소리를 들었고 그것이 다른 누군가에게 닿고 있기에, 나는 우리가 함께 있던 그날을 계속 슬픔 속에 가둬두지 않고 따뜻한 기억으로 남기려 한다.

그래, 우리는 그날 함께 있었기에 괜찮다. 앞으로는 더 많은 사람과 함께할 것이기에 더 괜찮아질 거라 믿고 싶다.

신념과 존엄 사이

젠더교육 강사의 노동권과 건강권

우리는 학교에서 민주공화국 시민으로서 당연히 누려야 할 권리들을 배운다. 그러나 정작 학교에서 일하는 사람들, 특히 외부 강사와 같은 일용직 노동자는 민주사회의 권리를 제대로 보장받지 못한다. 공공기관과 학교는 전체 구성원에게 의무적으로 폭력예방교육이나 성평등 교육을 매년 실시해야 하는데, 나는 그런 강의에서 계약서를 한 번도 받아본 적이 없다(이것은 강사마다 경험이 다를 수 있다). 대개 구두로 계약을 맺고, 의뢰한 쪽의 사정 때문에 일방적으로 강의를 취소하는 경우에도 보상은 없다.

강사비도 기관에 따라 천차만별이다. 초보 강사 시절, 어떤 학교에서 시간당 5만 원을 제시하며 강의를 의뢰하기에 액수가 너무 적다고 하니 그쪽에서는 "작년에 온 강사님은 5만 원에 해주시던데, 좀 깎아주시면 안 될까요?"라며 흥정을 시도했다. 당황스러우면서 힘이 탁 풀리는 느낌이었다. 이후 동료 강사들을 대상으로 교육할 때마다 이 일을 사례로 들며 "최소한의 강사비는 제대로 요구하고 받아야 다른 강사들의 권리도 지켜질 수 있다"라고 전하고 있다.

강의라는 노동에 대한 이해가 별로 없는 사람들은 시간당 5만 원, 10만 원이면 최저 시급보다 훨씬 많이 버는 것 아니냐고, 심지어 한두 시간 '썰 푸는' 일로 편하게 돈 버는 것 아니냐고도 한다. 이런 '무식한' 소리를 여러 번 들어봐서, 구차하지만 강의를 하기까지의 과정을 한번 친절히 설명해보려 한다.

강사가 되기 위해서는 교육할 기관에서 요구하는 전문성을 갖춰야 하는데, 기관이나 학교 대다수는 인증된 '전문강사'를 원한다. 전문강사를 기용하면 기관 평가에서 가산점을 얻을 수 있기 때문이다. 나는 한국양성평등교육진흥원(이하 '양평원')에서 위촉하는 '폭력예방교육 전문강사'가 되기 위해 약 7개월간 내가 사는 지리산에서 서울까지 주말마다 교육을 받으러 다녔다. 그리고 교육을 받는 사이에 서류 심사, 필기 시험, 강의 시연 등의 테스트를 거쳐야 했다(중간에 떨어지는 경우도 많다. 계속 도전하고 싶다면 다음 해에 다시 시작해야 한다).

물론 교육 수료까지 소요되는 교통비, 식비, 숙박비 등 모든 경비는 자부담이다. 이때 들어가는 비용만 강사비로 벌어 메꾸려 해도 강의를 수십 번은 해야 할 텐데, 힘들게 강사 자격을 땄다고 강의가 매일 저절로 들어오지는 않는다. 교육 의뢰 기관에서는 유명한 사람, 지위가 높은 사람, 이력이 특이하거나 희소성 있는 사람을 선호하고(그래서 남성 강사가 인기 있다), 지역에서는 강사의 '인맥'으로 강의 의뢰가 이루어지는 경우가 허다하다. 그런데 강사 대부분이 이런 조건에서 소외되어 있기 때문에, 강의로만 생계를 유지하는 사람은 매우 드물다. 강사비가 회당 20만 원이어도 1년에 강의 100회를 하면 연 2000만 원을 버는 것이다. 실제로 이만큼 강의 의뢰가 들어오지도 않고, 들어와도 소화하기 힘든 일정이다.

강의를 하려면 준비를 위한 시간이 실제 강의 시간의 몇 배가 필요하고(나의 경우에는 최소 열 배 이상이 필요하다), 강의를 준비할 수 있으려면 그 전에 이미 그 주제에 대한 연구가 선행되어 있는 상태여야 한다. 그래서 강의가 없을 때도 늘 교육과 관련된 활동의 끈을 놓을 수 없다. 책, 자료, 기사를 보고 수집하는 것이 일상이고 때마다 역량 강화를 위한 교육, 모임도 참여해야 '감'을 잃지 않을 수 있다. 더구나 전문강사의 경우 매년 양평원 연수에 필수적으로 참여하고 강의 모니터링을 통과해야 강사 자격을 유지할 수 있어, 강의가 없다 해도 게을러질 수 없는 일이다. 노동의 실제 조건은 프리랜서와 같고 노동자로서 법적인 보호 장치가 전혀 없는데, 일상에서는 연구자이자 활동가 같은 태도를 꾸준히 견지하며 자기계발도 겸해야 하는 것이다(이쯤 되면 도대체 이 일을 왜 하는지 의문이 들 수 있으나, 그 이유는 이 책의 다른 글에서 찾을 수 있을 것이다).

내가 젠더교육 강사를 하게 된 계기처럼, 많은 (예비) 강사들이 '(성평등한 사회를 만들기 위한) 신념' 때문에 이 일을 하고 싶다고, 이 일을 선택했다고 말한다. 하지만 기본적인 생계유지가 어렵거나 자신의 노동권이 제대로 지켜지지 않는 상황을 계속 맞닥뜨리다 보면, '신념'은 때론 덧없게 느껴지고 힘없이 무너진다. 열심히 인권을 가르치지만 정작 교육 현장에서 나의 인권은 짓밟히는 것 같을 때 느껴지는 허망함은 내가 하는 일에 대한 근본적인 회의를 불러온다. 그래서 나는 (예비) 강사 대상 교육을 할 때 신념보다 노동자이자 한 사람으로서의 '존엄'을 지키는 것이 가장 중요하다고 피력하곤 한다. 물론, 존엄은 내가 아무리 애써도 개인의 힘으로 지키거나 얻을 수 있는 것이 아니다. 궁극적으로 젠더교육 강사의 노동권이 보호받는 시스템, 강사를 존중하는 문화를 만들어가는 것이 필요하다. 그러기 위해서는 무엇보다 강사들이 처한 현실을 밝히고, 말하고, 요구해야 하기에 나는 이 글을 쓴다.

　젠더교육 현장의 백래시(backlash, 사회의 진보적인 변화에 따른 보수층의 반발)도 강사들에게 중요한 고민이다. 성차별과 성폭력 문제는 과거에 비해 훨씬 가시화되고 공론화되었지만, 그와 더불어 전진과 변화를 거부하고 가부장적 체제를 유지하고자 하는 힘도 공고해졌다. 젠더교육 현장은 그러한 에너지가 공기에서도 역동적으로 느껴지는 곳이다. 성평등에 대한 목소리가 커질수록 반동의 움직임도 비례하고, 강한 백래시를 마주하면서 강사들의 고민과 어려움은 깊어갔다. 그러자 젠더교육 강사를 양성하는 많은 기관과 여성 단체에서 '백래시 대응'을 주제로 한 역량 강화 교육을 마련했다. 나 역시 관심 있는 주제고 현장에서 늘 고민되었던 부분이라 교육에 참여해본 적이 있는데, 교육의 필요나 효과와 별개로 어떤 '의문'이 남았다. 백래시 여부가 강사의 역량에 달려 있는가? 그렇다면 백래시 없는 교육이 좋은 교육인가? 이 교육의 본래 의도와 달리 '남자들 기분 나쁘지 않게 강의해달라'는 요청에 부응하게 되는 셈인 건 아닐까?

　백래시 대처에 관한 교육만으로는 백래시를 '해소'할 수 없고, 그것이 교육의 질이나 강사의 안전한 노동 환경을 보장해주지 않는다. 기존 체제의 '저항'은 사회문화적 변화 과정에 동반되는 자연스러운 반작용이며,

역설적으로 젠더교육의 '효과'를 보여주는 장면일 수도 있다. 페미니스트나 젠더교육이 환영받지 못하는 사회에서 강사 개인의 힘으로 백래시를 '없애'거나 잘 다루는 것은 불가능하다. 백래시 현상을 더 나은 사회로 가는 단계로 삼으려면 성평등이라는 주제 자체를 불편해하는 사람들의 정서나 수준에 맞출 것이 아니라, 젠더교육을 더 강화하고 강사에게 교육에 대한 권위를 부여해야 한다. 더불어, 백래시에 대한 사회적 논의와 구체적인 분석, 교육 안에서의 올바른 소통을 위한 장치 등 다각적인 준비가 동반되어야 할 것이다.

나를 비롯한 많은 강사가 젠더교육 현장에 들어설 때 매번 적잖은 긴장을 느낀다. 이 교육 자체에 거부감을 갖는 분위기가 지배적이고, 못마땅함을 있는 그대로 표현하는 수강생들을 어디서나 만날 수 있기 때문이다. 백래시는 단일한 방식이 아니라 다양한 형태와 상황으로 드러나 강사를 당황스럽게 만든다. 직접적인 방식이 아니더라도 눈빛, 태도, 제스처에서부터 강사를 압박하고 위축시킨다. 강사에게 인신공격을 가하거나, 강의 진행을 방해하는 등 적극적인 행위로 거부감을 나타내는 경우도 있다. 그 모든 화살을 맨몸으로 받아가며 강의를 마치더라도 강사의 안녕은 보장받을 수 없다. '만족도 조사'라는 이름하에 '별점 테러'를 받거나, 강의에 대한 민원 제기가 뒤따르면 앞으로의 교육 활동에 악영향이 있을 수도 있고, 공식적인 소명을 해야 하기도 한다. 심지어 불순한 의도를 품은 수강생이 강사 개인을 찾아내 연락하는 경우도 있다. 악플 내지는 스토킹 같은 행위에 대해서 책임을 묻거나 도움받을 곳이 전무하다.

상식적으로, 일터에서 누군가 시비를 걸고 폭언을 한다면 주변에서 그것을 막아주거나 신고하라고 조언하지, 그런 상황에 '대처하는 법'을 배우라고 하지 않을 것이다. 어떤 백래시는 변화의 과정에서 동반되는 교육적 현상으로 해석하고 이해할 수 있더라도, 강사 개인을 비방, 공격, 위협하고 권리를 침해하는 문제는 별개의 사안으로 심각하게 취급해야 한다. 이것은 강사가 '스킬'을 익힌다고 해결되는 일이 아니며, 강사가 직접 '대처'해야 하는 문제도 아니다. 강사의 안전과 권리를 배제하면서 현장에서의 무례하고 공격적인 태도를 '백래시'라는 이름으로 용인하는 것이 문제다. 이렇게 문제의식이 형성되지 않은 환경과 분위기에서 강사들은 자신이 겪는 두려움과 피해에 대해 말을 꺼낼 수 없다. 들어줄 곳이 없기 때문이다. 심지어 강사로서의 무능으로 평가되어 책잡히는 것을 우려해 이런 이야기를 드러내지 못하는 경우도 많다는 것은 더욱 씁쓸한 일이다.

나는 개인 SNS에 학교 젠더교육 현장에서 겪은 폭력적 경험으로 인해 몇 달간 우울증 치료를 받은 사실을 공개했다. 남자 고등학교에서 학생 300명을 대상으로 성매매 예방교육 강의를 나갔을 때, 강의가 끝나고 한 남학생이 손을 들더니 "그러니까 여자들이 피해자라 이거죠? 좋은 강의 아주 자~알 들었습니다"라며 공개적으로 나를 조롱했다. 학생들은 다 같이 웃었고, 학교에서 나가는 길에 교실에서 학생들이 계속 조롱하는 소리가 들렸다. 나는 더 참을 수 없어 담당 교사를 불러 같이 그 교실에 찾아갔다. 내가 등장하자 학생들은 적잖이 당황한 모습이었다. 담당 교사는 내가 보는 앞에서 학생들을 야단쳤고, 나는 학생들에게 유감을 표했다. 그런데 돌아오자마자 어떤 학생으로부터 무례하고 공격적인 메일과 전화를 받았다. 내가 강의에서 공개하지 않은 전화번호까지 찾아낸 상황에, 나와 동료들은 이 문제를 그냥 넘어갈 수 없다고 판단했다. 즉각 학교에 항의 공문을 보내 해당 학생의 사과와 학교의 후속 조치를 요구했고, 결론적으로 해당 학교 교장의 사과를 받고 이 사건은 일단락되었다.

이런 일이 발생했을 때, 충돌과 협상의 과정은 엄청나게 지난하다. 애초에 강사(노동자)들이 싸움을 포기하는 이유가 이것이지 않을까. 업무가 아닌 일에 시달리고, 아까운 시간이 소모되고, 몸과 마음이 닳을 듯한 에너지가 들었다. 사과를 받았으니 이긴 것인지, 과연 학생들이 이 일에서 교훈을 얻었을지, 일이 일단락되고 나서도 회의감이 가시지 않았다. 한동안 기분이 좋지 않았고, 일에서 자꾸 실수가 생겼다. 아무래도 상태가 좋지 않은 것 같아 큰맘 먹고 수십만 원을 들여 종합 심리검사를 받았더니 약물 치료가 필요한 우울증이라는 진단이 나왔다.

나의 불안정한 상태가 그저 스트레스가 아니라 하나의 '증세'였다는 결과를 알고서, 걱정되거나 심란하기보다는 허탈한 느낌을 받았다. 교육 활동을 시작했을 때의 신념은 종잇장처럼 구겨져 쓰레기통에 던져진 것 같았다. 내가 온전하지 않은데 신념이 바로 설 수 있겠는가. 6개월간 꾸준히 약물 치료를 받고 다행히 나는 안정을 되찾았다. 그러나 치료를 위해 왕복 세 시간이 넘는 거리를 매번 오가는 것도, 회복을 위해 애써야 하는 것도 오로지 내 몫이었다. 어렵게 얻어낸 학교의 '사과'에는 그들의 아무런 노력도, 책임도 포함되어 있지 않았다.

사실 이런 싸움은 내게 처음이 아니었다. 교육 현장에서 권리가 침해되고 피해를 받았다고 생각하는 모든 순간에 싸움을 걸지는 않았지만, 나는 꽤 여러 번 적극적으로 문제를 제기했고 훨씬 거대하고 복잡한 '투쟁'의 경험도 쌓여 있었다(그 싸움의 과정을 동료들과 기록해 책을 만든 적도 있다*). 하지만 당시 우울증 치료를 하며, 나는 잘못된 일을 바로잡는 것보다 내가 덜 다치는 것이 더 중요하다는 생각을 처음 하게 됐다. 나도 세파에 닳아서인지 그저 지쳐서인지는 모르겠지만, 그때 얻은 '마음의 소리'는 나라는 사람과 내가 하는 일 모두에 큰 의미로 남았다.

나의 분투를 계속 지켜보며 싸움의 과정에 힘을 보태준 동료들도 내게 강의를 줄이더라도 되도록 '안전한 환경'에서 일하라 권유했다. 그래서 나는 기관에 작성을 요구할 강의 의뢰서 양식을 만들고, 최소한으로라도 안정적인 교육 환경을 취할 수 있는 나름의 조건과 기준을 세웠다. 강의의 집중도와 효과 모두 떨어지며 교육생 모두를 불성실하게 방치하는 대규모 집합 교육 의뢰는 거절하기, 강의에 참여하는 사람이라면 누구나 준수해야 할 교육 약속문 공유하기, 강의 중 벌어지는 일에 대한 대비와 책임을 나누기 위해 교육 담당자와 사전에 역할 조율하기 등이다. 실제 효력은 별로 없겠지만, 교육을 시행하는 기관에서도 교육 준비 과정과 강의 현장에서 벌어지는 일에 책임과 의무가 있음을 기록에라도 남기기 위해서다.

성평등한 사회를 만들고자 의무화한 교육 현장에서마저 성차별주의자들이 교육을 방해하고 무력화시

＊   문화기획달, 《변방의 목소리, 지방의 스쿨미투를 기록하다》(자료집), 문화기획달, 2019.

키는 행위를 제지하지 않는다면 젠더교육은 목표를 상실할 것이고, 공동체의 발전과 성장은 기대할 수 없을 것이다. 젠더교육이 근본적인 방향을 잃지 않으려면, 민주적 태도와 원칙을 일상과 교육 현장 모두에 적용하는 것으로 중심을 잡아야 한다. 그 토대를 닦아 나가기 위해, 백래시의 최전선에 있는 젠더교육 강사들의 권리 회복은 시급하고도 필수적인 일이다. 개인의 신념은 내가 헌신, 기여하고 싶은 공동체에서 건강히 돋아날 수 있다.

성교육, 왜 해도 해도 어려울까?

듣고 배우는 교육자가 되고 싶다

성교육이 쉽다고 말하는 사람은 어디서도 본 적이 없다. 배우는 사람뿐 아니라 가르치는 사람도 마찬가지다. 아무리 베테랑 강사라 해도 웬만해선 그렇게 말할 '배짱'은 없을 것이다. 우리 사회에서 '성(性)'은 여전히 '성역(聖域)'으로 여겨지기에, 교육이라는 공적 영역에서 성을 다루고 그것에 대해 말하는 일은 꽤 부담스럽다.

사실 어려워하는 게 맞다고, 아니 가르치는 일을 하는 사람이라면 어떤 면에서는 더 나아가 (성)교육을 두려워할 줄 알아야 한다고도 생각한다. 이 두려움은 그것이 '성'이라서 더 조심성을 가져야 한다거나, 강사로서 우수한 실력을 갖춰야 한다는 의미가 아니다. 성적 정의(定義)에서 관련 법·제도까지, 성을 둘러싼 의제는 시대와 문화에 따라 끊임없이 변하고 새롭게 구성된다. 성교육에 포함되는 주제와 내용 역시 현실을 반영해 빠르게 변하고 있다. 따라서 가르치는 사람으로서는 스스로에 대한 과신을 경계하고, 배우는 사람으로서는 더욱 열려 있어야 한다.

성교육의 이러한 특성 탓일까. 같은 일을 몇 년 이상, 100번도 넘게 반복했다면 익숙해져 눈 감고도 해내야 할 것 같은데 그렇게 되지 않는다. 강의 요청이 오면 준비하는 내내 머릿속 한쪽에 먹구름이 낀 듯 끙끙거리며 고민하고, 강의가 끝나고 나서도 스스로 만족스럽게 느껴진 적이 별로 없다. 아쉽거나 부족한 부분만 기억에 남는다. 단순히 일에 대한 자신감 문제가 아니다. 무엇보다 수업에 참여한 사람들에게 이 교육이 어떤 '영향력'을 발휘했으면 하는 바람이 크기 때문일 것이다.

그러나 정작 몇 년째 교육 활동을 하면서 나는 강사로서 자신에 대한 기대를 최대한 낮추게 되었다. 한 시간짜리 교육으로, 그것도 일방적인 강의 방식으로 '타인을 바꾸고 싶다'는 목표를 갖는다는 것 자체가 비현실적임을 매번 느끼기 때문이다. 내가 할 수 있는 일은 수업을 들은 사람이 자신이 평생에 걸쳐 당연하다고 믿어온 것을 의심할 틈을 벌리는 것, '정상'이라는 기준에 한 번쯤 의문을 가져보도록 하는 것, 새로운 질문을 통해 새로운 사유를 경험할 수 있게 하는 것 정도라 생각한다(이 중 하나만이라도 이뤄진다면 대단한 일이다).

그리하여 교육 활동이 쌓일수록, 타인을 바꾸고 싶다는 욕심은 내가 바뀌는 쪽으로 그 방향이 전환되었다. 수강생을 '교화의 대상'으로 바라보는 시선 자체가 교육에 한계를 가져오고, 수강생과의 교감을 방해해왔던 것이다. 그래서 돌아오는 대답이 있든 없든 나는 수강생들에게 끊임없이 질문한다. 그들의 생각이 나에게 중요하고 내가 그것을 듣고 싶어 한다는 메시지를 계속 전달하는 동시에, 이들이 놓치거나 미처 상상하지 못한 질문을 던짐으로써 기존의 사고방식, 고정관념에서 탈피한 사유를 '자극'하기 위해서이다.

이 자극이 지적인 욕구나 생각의 전환을 불러오는 효과를 가진다면 더할 나위 없이 기쁘겠지만, 사실 많은 경우 자극은 수강생으로 하여금 어떤 혼란이나 불편함을 불러일으킨다. 특히 성(젠더)에 대한 우리의 인식은 가부장제에 뿌리를 두고 있기에 그것을 뒤흔드는 자극이 일어났을 때 교육 현장에는 그에 대한 반작용과 같은 저항(백래시)의 에너지가 돋아나기 쉽다. 문제는 저항이 아니다. '교육을 이끄는 사람과 참여하는 사람 모두가 이 저항을 어떻게 견딜 것인가', '그 너머로 나아가는 과정에 함께할 수 있는가'. 이것이 교육이 도달해야 할 목적지가 될 것이다.

변화는 귀찮은 일이다. 절박하지 않은 사람에겐 자신을 바꾸어야 할 필요도, 의지도 없다. 시간이 흐르면서 나는 성교육이 사람을 바꾸는 것이 아니라 누군가를 본래의 자신으로 돌려놓는 일인지도 모르겠다고 생각하게 됐다. 대부분의 사람은 자신을 '좋은 (즉, 선한) 사람'이라 믿는다. '나쁜 사람'이라는 비난은 받아들이기도 견디기도 어려운 일이다. 심지어 성폭력 가해자들조차 하나같이 자신의 '선의'를 믿어달라고 하고, 가해자 주변 사람들이 그가 평소 '좋은 사람'이었다는 이유로 가해자를 옹호하는 경우를 수없이 봤다. 이렇게 좋은 사람으로 보이고 싶고 더 나은 사람이 되고자 하는 바람이 누구에게나 있다면, 성교육은 그것을 달성하는 가장 기초적 토대가 될 수 있다.

그래서 나는 특히 청소년 대상 성교육 강의에서 교육 목표를 "좋은 사람이 되기 위해"라고 소개하곤 한다. '좋은 사람'이라는 말이 모호하고 순진하게 들릴 수 있음은 충분히 알고 있다. 내가 말하는 좋은 사람은 도덕적으로 올바르거나 그저 착하다는 의미가 아니라, 타인에게 상처 주지 않고 되도록 좋은 영향을 주고 싶어 하는 사람이다. 성교육을 통해 좋은 사람에 대한 정의를 젠더 관점에서, 민주적인 공동체에서 더불어 살아가는 시민으로서 다시 세워보는 것이다. '좋은 사람'이 되고자 하는 마음이 모일 때, 우리는 서로를 신뢰할 수 있고 안전한 관계를 만들어갈 수 있기 때문이다.

성교육 강사로서의 나 역시 교육 활동을 통해 계속 변하는 과정 속에 있다. 수강생들이 강사로부터 어떤 자극이나 영향을 받듯이, 나 역시 그들로부터 새로운 배움을 얻곤 한다. 성교육 강사가 되기 전 나는 지역에서 몇 년간 청소년 상담 프로그램을 진행했다. 어느 날 한 중학교에 프로그램을 진행하러 갔는데, 그날따라 학생들이 잘 참여하지 않고 질문을 해도 자꾸 딴짓만 했다. 나는 좀 화가 나서 학생들에게 왜 제대로 참여하지 않느냐고 다그쳤는데, 한 학생이 나에게 시큰둥하게 말했다. "선생님은 자꾸 우리한테 말을 강요하는 것 같아요."

나는 망치로 머리를 '쿵' 맞은 느낌이었다. 그날 프로그램을 어떻게 마무리했는지는 잘 기억나지 않는다. 그 학생의 말은 상담자이자 교육자, 그리고 어른으로서 나의 태도를 한참 동안 돌아보게 했다. 상대방이 성장할 수 있도록 조력하고자 하는 내 마음을 앞세우느라, 그를 있는 그대로 인정하고 존중하는 것을 건너뛰어버린 게 아닌지. 내가 바라는 대답을 듣기 위해 상대의 다른 말을 막아버린 것은 아닌지.

말을 잘하며 실력 좋은 강사로 여겨지기 쉽다. 하지만 나는 대화와 소통이 없는 교육에 공허함을 느끼고, 수강생의 진솔한 이야기를 들을 수 있을 때 이곳에

진짜 필요한 교육이 무엇인지 발견하곤 한다. 결국 좋은 교육자란 '침묵'도 경청하는 사람 아닐까.

안타깝게도 공식적으로 주어진 성교육 시간 안에서는 그러한 대화가 거의 불가능하다. 인원이 너무 많거나, 시간이 너무 짧거나, 둘 다인 경우가 부지기수이기 때문이다. 게다가 '성'이라는 주제에 대해 사람들이 가지고 있는 민감함과 부담감에 더해, 성에 대한 '말하기' 경험이 우리에겐 거의 없기 때문에 일방적인 교육이 이뤄지기 쉽다. 그래서 성교육 강의를 시작하고 한동안은 '가성비'에 골몰했다. 짧은 시간 안에 최대한의 교육 효과를 내야 한다는 '생산성'에 집중한 것이다. 그러다 보니 강의의 흐름 위에 듣는 이들이 어떻게 놓여있나 살필 여유가 없었고, 내가 애써 준비한 것을 펼치느라 급급했다. 하지만 아무리 좋아 보이는 것을 가득 담은 보따리를 풀어놔도, 그것은 내 눈에만 반짝거릴 뿐이다.

열심히 준비해간 수업을 마치고 어떤 학생에게서 "처음 듣는 내용이 많아 이해하기 어려웠다"라는 소감을 받고 아차 싶은 적이 있다. 학교에서 기존에 해온 성교육은 청소년의 주체성을 인정하지 않고 성을 금기시하거나 '피해 예방' 중심인 경우가 많았다. 최근에도 디지털 성범죄나 온라인 성착취 사건에서 청소년 피해자가 크게 증가하자, 청소년을 통제하는 방식으로 성교육을 하는 교사나 양육자를 자주 볼 수 있다. 페미니스트 강사로서 나는 그런 방향의 성교육을 지양하기 때문에, 되도록 청소년이 스스로 권리를 인식하고 젠더 문제에 민감성을 가질 수 있도록 교육을 구성한다. 또한 섹슈얼리티의 다양성과 혐오에 대한 올바른 이해를 강조하는 편인데, 이러한 교육의 기조가 어떤 이에게는 낯설게 느껴졌을 것이다. 익숙하지 않은 지식을 한꺼번에 마주하니 수강생 입장에서는 소화하기 어렵지 않았을까. 나는 그 학생의 솔직한 피드백을 통해 '좋은 교육은 이러이러해야 한다'는 틀이나 강의를 잘해야 한다는 압박에서 내가 자유롭지 않다는 사실을 알게 됐다.

강의를 잘하고 싶은 마음은 당연해 보이기도 한다. 아마 어느 강사나 마찬가지일 것이다. 강의 하나를 끝낼 때마다 나도 모르게 '오늘 잘한 거 맞나?' 속으로 끊임없이 따지곤 한다. 그런데 '강의를 잘한다'는 게 무엇일까? 그것을 어떻게 평가할 수 있을까? 몇 년 전 동료 강사들을 대상으로 강의를 한 적이 있다. 대부분 나보다 경력이 훨씬 오래된 '선배'들이라, 나는 강의 전부터 적잖이 긴장한 상태였다. 그런데 강의가 끝나자마자 사람들이 우르르 다가오더니 두 그룹으로 나뉘어 나에게 전혀 다른 평가를 했다. 한쪽에서는 '지금까지 들었던 교육 중 가장 좋은 강의였다'며 칭찬을 퍼붓고, 동시에 다른 쪽에서는 '이런 식으로 강의해도 되느냐'고 따졌다. 사뭇 다른 반응에 당황스러웠지만 한편으로는 중요한 사실을 깨달았다. 모든 사람을 100퍼센트 만족시키는 강의는 거의 불가능하다는 것이다. 그러니까 강의를 잘하는 것이 교육의 목표가 되는 것은 무의미하다.

하지만 강사로서 최소한의 자기 점검을 게을리하지 않고 역량을 쌓아가기 위한 노력은 필수적이다. 강의를 잘하기 위해서가 아니라 '좋은' 강의를 하기 위해. 처음 성교육 강의를 시작했을 때 나는 마을 주민 대상의 무료 젠더교육을 열었다. 외부 강의를 나갈 때 원하는 동료 강사들을 초대해 강의를 공개하고, 모니터링을 받기도 했다. 내가 덜 긴장할 수 있는 사람들이라 나의 서투른 모습을 그대로 내보일 수 있었기 때문이다. 이제 와서 돌아보면 그런 시도들이 무모해 보이기도 하고, 용감하게 보이기도 한다. 사실 '용기'가 없으면 성교육을 이어가기 힘들다는 점에서 이것은 나의 강점일지도 모르겠다.

물론 용기가 '성공'을 담보하지는 않는다. 나는 그동안 많은 강의에서 '실패'했다고 느꼈다. 다른 강사들의 훌륭한 강의를 듣다 보면 내가 한없이 부족해 보이기도 한다. 하지만 실패해보지 않고서는 강사로서 나에게 무엇이 모자란지, 그래서 무엇을 더 채워가야 하는지 알 수 없다. 더 많이 고민하고 공부하면서 실패에 대한 불안을 잠재우려 한다. 이것은 내가 정말 잘할 수 있는가에 대한 의심과 두려움을 하나씩 뚫고 나아가는 과정이기도 했다.

그 과정에서 가장 힘이 되는 것은 무엇보다 동료 강사들과의 관계다. 강사 대부분이 프리랜서로 일하고 전국에 흩어져 있어 자주 만나긴 어렵지만, 온라인을 통해서라도 꾸준히 교류하고 있다. 지역의 성매매 예방 교육 강사단 선생님들과 성매매를 주제로 온라인 독서 모임을 운영하기도 하고, 성교육 강사 온라인 모임 멤버들과 성교육 신간 도서 독서 모임을 진행하기도 한다. 독서 모임은 성교육 예비 강사들을 교육할 때마다 늘 추천하는 활동인데, 자기계발에 도움이 될 뿐 아니라 강사들이 서로의 안부를 묻고 동종업계 종사자 외에는 알 수 없는 고민을 나누는 고마운 기회가 된다. 혼자 교안을 짜고 강의 다니기에 급급하다가, 다른 강사들에게 더 넓고 다양한 시야를 듣고 배우면 안정감을 느끼곤 한다. 이렇게 배움은 서로의 지혜를 모을 때 저절로 일어난다. 성교육을 하는 사람으로서 나는 계속 배우고 싶다.

2

젠더교육의 현장

샘, 메갈이에요?

10대 남성들과의 대화

2018년 전국적으로 미투 운동이 한창이던 때 젠더교육 현장에서는 미투에 공감하기보다 백래시가 거세지는 분위기였다. 한 중학교 성폭력 예방교육 시간, 시작부터 끝까지 슬라이드 한 장 넘기기도 힘들 만큼 남학생들의 항의가 이어졌다.

"남자애 꼬셔서 성폭행한 여자 교사도 있잖아요!" "여가부랑 메갈이 문제라고요!" "샘은 왜 여자 편만 들어요?" "남자도 성폭력 피해당하는데요? 소수라고 무시하는 거예요?"

사방에서 공격받는 내가 너무 안돼 보였는지, 아니면 수업 분위기가 너무 혼란해서 정리를 하려던 건지 반장인 남학생이 갑자기 의젓한 목소리로 아이들을 달

랬다.

"얘들아, 페미니즘과 메갈은 달라. 샘은 페미니즘 얘기하고 있잖아."

순간 학생들이 조용해졌다. 나는 웃어야 할지 울어야 할지 알 수가 없었다. 엉망이 된 수업은 끝내 제대로 복구되지 않았다. 끝나고 한숨을 쉬며 짐을 정리하는데 한 여학생이 조용히 다가와 작은 초콜릿 하나를 건넸다.

"선생님, 힘내세요."

그 교실에서 숨죽이고 있던 여학생들은 나와 남학생들을 보며 무슨 생각을 했을까?

고백하자면 10대 남성만으로 구성된 그룹에 수업을 나갈 땐 평소보다 몇 배 긴장된다. 어떻게 하면 저항은 줄이면서 소통의 폭은 넓힐 수 있을까 끙끙 고민하며 수업을 준비한다. 수업을 무사히 마치기를 빌며, 이왕이면 아이들의 가슴에 물음표 하나 남기고 오면 더좋겠다는 바람을 품는다. 페미니즘, 그리고 성(젠더)교육은 결국 자기 안에서 새로운 질문을 찾는 과정이라 생각하기 때문이다.

그런데 안타깝게도 어떤 아이들은 화살표를 거꾸로 돌려 자꾸 나의 정체를 캐묻는다.

"샘, 페미니스트예요?"

수업을 시작하며 성에 대해 궁금한 것을 물어보라

고 하자 한 남학생이 도발적으로 질문했다. 수업을 듣던 다른 학생들이 "오오~" 하고 반응했다.

"네. 그게 왜 궁금해요?"

"그냥요."

이대로 지나가면 뭔가 나만 추궁당한 느낌으로 남게 되므로 나는 굳이 페미니스트의 의미를 설명해준다. 성차별주의에 반대하고 모든 성은 평등하다고 믿는 사람이 페미니스트이며, 성평등을 지향한다면 누구나 페미니스트가 될 수 있다고. 그럼 단골로 따라오는 질문이 있다.

"그럼 '메갈'은요?"

"'메갈'이라는 말 들어봤어요? 무슨 뜻인지 알아요?"

"남성혐오자요."

이렇게 되면 그날 수업은 준비한 것과 전혀 상관없이 흘러갈 가능성이 많다. 내 머릿속은 순식간에 복잡한 연산을 거친다. 주어진 시간은 짧고, 이 시간 안에 학생들과 충분한 토론을 나눌 여건은 되지 않고, 자칫 잘못하면 함께 있는 여학생들은 더욱 위축된다('메갈'로 찍히면 학교생활이 힘들어지기 때문에 이런 논쟁에 여학생들이 적극적으로 침여하기 어려운 편이다).

그리고 경험상 '메갈'의 정확한 용어와 역사, 잘못된 쓰임에 대해 친절하고 구체적으로 설명해줘도 대부분 제대로 듣지 않는다. '메갈'이라는 말을 욕으로 쓰는 이들에겐 팩트가 중요한 게 아니기 때문에 자신이 생각하는 방향을 바꾸거나 교정할 의지가 거의 없다. 감정을 앞세우는 이와 논리로 싸워서 이기기는 힘들다. 그렇다고 같이 감정에 호소해야 하나? 누구의, 어떤 감정?

"혐오가 뭘까요?"

결국 나는 두루뭉술한 방식으로 큰 개념에서부터 접근하는 것을 선택했다. 혐오, 편견, 차별, 권력이라는 블록을 하나씩 집어와 차근차근 연결하고 거기에 젠더로 마지막 퍼즐을 맞춘다. 이미 수업 시간은 많이 지나버렸고, 나름 최선을 다했지만 그에 만족하지 않는 경우도 있다, 이를테면……

"그럼 '한남'은요?"

같은 패턴을 반복하는 질문이 나올 때면 지금 내가 수업을 잘하고 있는 거 맞나 하는 회의가 든다. 어떤 강사들은 학생들의 이런 반응에 휘둘리지 말라고 조언한다. 일일이 다 대꾸하지 말라고도 한다. 페미니스트 강사를 일부러 자극하거나 수업을 방해하려는 시도일 수 있다는 것이다. 그럴 수도 있다. 만나자마자 페미니스트냐 메갈이냐 후려치는 의도는 뻔하다. 그럼에도 내가 이들의 질문을 가장한 공격에 일일이 재질문을 찾아 대응하는 이유는, 한편으로 이런 고민도 들기 때문이다. 청소년들이, 특히 10대 남성들이 이런 대화를 평소 누구와 하고 있거나 할 수 있을까? 페미니즘에 대한 왜곡을 바로잡으려면 소통할 기회를 더 가져야 하지 않을까?

이 토론이 과연 생산적인지 확신도 없고, 때론 소모적인 논쟁이 되어 수업의 본래 목적을 흐릴 가능성도 있고, 강사인 나조차 찝찝하고 상처받은 채 종료되기도 하지만 말이다. 그럼에도 불구하고, 우리는 이 불편한 대화를 끝까지 제대로 해본 적이 있나? 더구나 'n번방' 시대의 10대 남성들은 중요한 변곡점에 서 있다. 우리는 이들과 어떻게 관계 맺고 함께 미래로 갈 수 있을까? 요즘 청소년 젠더교육 현장에서의 가장 큰 질문 중 하나다.

"'한남'이 무슨 뜻일까요?"

"한국 남자요."

"한국 남자라는 게 왜 혐오 용어죠?"

"조롱하잖아요."

"그럼 '한국'이나 '남자'의 어떤 점을 조롱하는 걸까요?"

"모르겠어요. 그냥 말투가 기분 나빠요."

"네, 아마 그 자체가 목적일 거예요. '한남'이라는 말은 '미러링(거울처럼 상대방의 언행을 따라 하면서, 그걸 듣는 이의 입장에 서보도록 하는 것)'으로 생겼다고 알고 있어요.

'김치녀', '된장녀' 같은 여성혐오 용어가 오래전부터 무분별하게, 재미로 쓰였잖아요. 그렇다면 '반대로 들어보면 기분이 어떨까?' 하고 만들어낸 거죠. 그래서 미러링 용어는 유통기한이 있어요. 여성혐오적인 말들이 사라지면 역지사지를 위해 만든 남성혐오적인 말도 사라지겠죠."

성심성의껏 대화를 이어간다고 해서 남학생들의 의문과 저항이 모두 해소되는지는 모르겠다. 실제로 교실에서 이렇게까지 대화할 수 있는 경우는 그리 많지 않다. 대화할 조건 자체가 되지 않거나, 대화를 통해 교육을 풀어낸 경험이 없는 학교가 대다수이기 때문이다. 더구나 학교에서는 '페미니즘'이라는 용어를 사용하는 것 자체가 학생뿐 아니라 교사 사이에서도 금기시되어 있다. 교사들조차 반(反)페미니즘적 생각을 갖고 있기도 하고, 페미니즘 이슈를 꺼내면 성별 간 대립과 갈등이 생길 거라 미리 걱정하기도 한다. 마치 성교육 시간에 콘돔 사용법을 배우면 아이들이 바로 성관계를 해서 큰일이 날 거라 상상하는 것처럼 말이다. 문제는 페미니즘이 아니라 페미니즘에 대해 말할 수 없게 하는 구조이고, 제대로 알지도 못하면서 배우려 하지 않는 자세이다. 성(性)을 성역(聖域)으로 남긴 채 성에 대해 교육할 수 있나?

이 글 서두의 수업이 있고 얼마 후, 또 다른 남자

중학교에 성폭력 예방교육을 하러 갔다. '불편한 용기' 집회*가 한창이던 때였다. 그날 나의 요청으로 우리 마을의 남성 페미니즘 공부 모임 멤버 세 분이 보조 강사로 참여했다. 전반부에 내가 강의를 진행하고 후반부에는 이 세 분이 학생들에게 이야기를 들려주었다.

"제가 왜 페미니즘 공부를 하게 되었느냐면……"

어릴 때 아들이라는 이유로 집안에서 특별 대우 받는 게 불편했던 기억, 남학교의 폭력적인 문화 속에서 학창 시절을 보내며 힘들었던 경험, 엄마와 누나가 희생하는 모습에서 성차별을 인식하게 된 것 등 진솔한 자기 이야기가 펼쳐졌다. 페미니즘 공부를 하면 남성도 자유로워질 수 있다고 전하며 남학생들에게 페미니즘 공부의 매력과 필요를 간증한(!) 시간이었다.

아버지뻘인 동네 아저씨들 이야기가 남학생들에게 어떻게 다가갔을지 잘 모르겠지만, 나는 이런 자리가 더 많이 필요하다고 느꼈다. 10대 남성들에게 '다른' 남성 롤모델을 제시하는 것, 남성성 안에서 자신이 느끼는 억압과 불편함을 꺼내도 공감받을 수 있다는 신뢰를 쌓아가는 것, 나아가 남성 페미니스트의 존재를 주

---

*   홍대 남성 누드모델 불법촬영 사건에 대한 빠른 수사가 계기가 되어, 2018년 5월부터 7개월간 '불법촬영'과 '편파 수사'를 규탄하며 여성들이 서울 혜화역과 광화문 일대에서 벌인 대규모 릴레이 시위다.

변에서 흔히 만날 수 있다는 사례를 만드는 것 말이다.

물론 이런 시도가 청소년 당사자의 가장 가까운 곳, 즉 집이나 학교에서 일어나면 더욱 좋겠다. 외부 강사에게 주어진 성교육 시간은 1년에 45~50분이고, 많게는 수백 명을 대상으로 한 차례 강의를 하는데, 이런 자리로 변화를 이끌어낸다는 건 기적 같은 일이다. 결국 우리 일상을 바꿔내지 않으면 10대 남성들의 '다른' 미래를 상상하기 힘들다. 그런데 이들의 주변 성인들이 10대 남성의 올바른 성장과 '다른' 미래에 관심이 있는지, 그것을 상상하고 지향하며 교육하는지, 나는 자주 의심스럽다. 날 서고 불편한 대화 속에서 첨예하게 드러나는 우리의 '차이'를 인정하고, 우리가 꿈꾸는 미래에 균형을 맞추기 위해 페미니즘을 안은 대화의 교육은 지금 당장 절실하다.

"남자 선생님들 기분 상하지 않게 강의해주세요"

학교가 평등한 곳이었다면

지역의 한 여자 고등학교에서 학생들과 성교육 동아리 활동을 함께하고서 참여한 소감을 쪽지로 받은 적이 있다. 나중에 쪽지를 확인하다가 어떤 참가자의 이야기에 가슴이 '쿵' 했다.

> "선생님이 질문을 많이 하셨는데 대답을 제대로 못 한 점이 개인적으로 아쉽다. 다음에 또 [동아리 활동을] 한다면 답을 더 잘해봐야지."

성교육 동아리 활동을 하며, 나는 참여한 학생들에게 끊임없이 질문을 던졌다. 정답이 있는 '문제'를 낸 게 아니라 각자의 생각과 의견을 물은 것이었다. 내 몸에 대해 어떻게 생각하는지, 미디어에 나오는 성적 이미지를 어떻게 바라보는지, 성폭력 문제에 관해서 어떤 정보가 필요한지…… 성을 둘러싼 우리의 삶 전반에 대해 스스로 사유한 것들을 친구들과 함께 나누고자 했다.

활발하게 적극적으로 의견을 말한 학생들도 있었지만, 처음부터 끝까지 조용히 다른 사람들의 말을 듣기만 한 학생도 있었다. 강요된 대화도 아니고 꼭 답해야 할 의무도 없으니 각자의 참여 방식과 태도가 다른 거라 생각했는데, 가끔 어떤 학생들은 묘한 표정을 지었다. 말하고 싶은지 아닌지 파악하기가 어려워 혹여 추궁당하는 느낌을 받을까 봐 더 묻지 않았다.

쪽지를 보고서야 나는 알게 되었다. 대화가 생략된 교육의 경험 속에서 어떤 학생들에게는 질문을 받고 답하는 것 자체가 하나의 큰 도전일 수 있다는 사실을 말이다. 어쩌면 살면서 한 번도 누군가가 묻지 않았고, 스스로도 돌보지 않았을 삶의 '빈칸'을 발견했을 때 그는 어떤 마음이 들었을까. 쪽지를 쓴 사람은 대답을 못해서, 대화를 잘 나누지 못해서 아쉽다고 했지만 나는 그가 낯선 질문 앞에 혼자라고 느끼지 않았을까 미안해졌다. 그 마음까지 함께 나눌 기회를 만들지 못한 점이 아쉬웠다.

정규 수업 밖에서 작은 동아리 형태의 성교육 활

동을 시도한 것은, 질문과 대화를 할 기회가 거의 없는 교육 시스템 안에서 성교육을 하며 자주 느낀 무력감 때문이었다. 적게는 수십 명부터 많게는 수백 명까지 학생들을 앞에 놓고 혼자 한 시간 가까이 떠들고 나면, 이것이 과연 서로에게 스며들어 우리 삶을 바꿔낼 에너지가 될 수 있을지, 헛헛한 기분과 함께 회의감이 들곤 했다.

2019년에 만난 스쿨미투 고발자의 글을 읽고 나서야 이런 나의 갈증과 불만족이 어디에서 왔는지 더 선명해졌다. 그는 스쿨미투 사건을 관통하며, 말하는 사람과 듣는 사람이 정해져 있는 교실 안에서 민주적 관계와 소통은 불가능하다는 것을 깨달았다고 했다.

"학교 안에서 학생이 제일 오래 얼굴을 마주하는 상대는 선생이다. 50분간 진행되는 수업 시간에는 좋든 싫든 선생의 이야기를 들어야 한다. 나 역시 스쿨미투를 하기 전에는 말하고 듣는 관계의 일방성에 대해 깊게 생각해보지 않았다. 하지만 선생과 학생의 권력 차이는 모두 거기에서 나온다는 것을, 이제는 안다. 신생이 우리에게 물건을 집어 던지고 소리를 지르더라도 학생인 우리는 발언권이 주어질 때까지 가만히 앉아 있어야 했다. 예민한 애들 앞에서는 무서워서 말을 못 하겠다던 남선생은, 언제 그랬냐는 듯 수틀리면 대뜸 '가시나'라는 호칭을 써가며 소리를 질렀다. 마치 리모컨을 쥔 집안의 가장처럼, 그들은 우리 이야기를 듣는 척하다가도 자기 마음에 들지 않으면 음소거 버튼을 누르듯 조용히 하라는 말로 대화를 중지시켰다. 아예 우리 말은 듣지도 않고 처음부터 끝까지 저 좋을 대로 떠들 때도 많았다."*

교사가 학생에게 지시를 내리고 통제하는 방식의 관계에 익숙할 경우, 젠더와 성폭력 문제에 대한 이해 역시 낮을 수밖에 없다. 자신의 행위가 타인의 권리를 침해하는지 아닌지 판단할 능력이 없기 때문이다. 그러니 교사 대상 성폭력 예방교육 현장에서 이런 질문이 자꾸 등장하게 되는 것이다. "학생을 지도하다 보면 신체 접촉을 하게 될 수도 있는데, 어디까지가 성추행이고 아닙니까?"

심지어 어떤 교사들은 성추행에 해당하는 신체 부위와 아닌 곳을 정확하게 알려달라고 요청한다. 교육

---

*   참외, 〈당신들이 '틀렸다'〉, 《변방의 목소리, 지방의 스쿨미투를 기록하다》, 문화기획달, 2019.

자료에 '성추행 해당 부위'를 표시해 전국의 학교에 공유하면 좋겠다는 아이디어(?)를 제시한 교사도 있었다. 신체 접촉만이 성폭력이 아니며 모든 신체 접촉을 성폭력이라 하지도 않을 뿐더러 '그런 곳'을 정할 수 있는 게 아니라고 아무리 말해도 소용이 없다. "요즘 애들은 되바라지고 영악해서 툭하면 민원 넣고 뻑하면 신고해요. 미투 이후에 남자 선생님들 사기가 얼마나 저하되었는지 아세요? 학생 인권이 아니라 교권이 위기예요."

많은 학교에서 성인지 교육이나 폭력예방교육을 의뢰하며 "남자 선생님들 기분 상하지 않게", "남자 선생님들 듣기 불편하지 않게", "너무 한쪽 성별의 일방적인 입장만 강조하지 않고" 강의를 해달라고 미리 부탁하곤 한다. 스쿨미투 사건들에서 남교사가 가해자의 대부분을 차지하는 상황임에도, 학교가 누구의 목소리에 가장 귀 기울이고 있는지, 누구의 눈치를 보는지, 누구의 '기분'이 교실을 장악하고 수업조차 좌지우지하는지 대번에 알 수 있는 씁쓸한 대목이다.

학생이 자신의 권리에 눈을 뜰수록 교사는 자신의 입지가 약해진다고 느낀다. 저 교사들은 표면적으로 자신이 성폭력 가해자로 오해받는 것을 두려워하는 듯 포장하고 있지만, 사실은 학생을 자기 뜻대로 통제할 힘을 잃을까 봐 두려워하는 것이다. 학교가 학생의 권리를 존중하고 학생의 목소리를 듣는 곳이었다면 외부에

'도움'을 요청할 필요도 없었을 테지만, 학생과 교사가 동등하게 대화할 수 있는 학교는 찾아보기 힘들다.

일방적인 권력 구조를 떠난 학생-교사 관계를 상상할 수 없는 교사들은 학생들의 문제 제기에 '감히'라며 괘씸히 여길 뿐 자신을 성찰하고 상대를 살피는 기회로 삼지 못한다. 학생들은 21세기에 사는데 어떤 교사들은 '스승의 그림자도 밟지 말라'는 시절에 머물러 있는 것처럼 보인다. 하지만 학생-교사 간 민주적 관계가 이뤄지지 못한다면 학교 내 폭력/성폭력은 용인되고 지속될 수밖에 없다. 또 그 피해는 온전히 학생들이 감당해야 할 것이다.

2019년 스쿨미투가 벌어진 학교의 학생들과 상담하며, 나는 학생들에게 학교를 어떻게 생각하는지 물었다. 가장 많이 나온 비유는 '감옥'이었다. 민주주의와 권리가 빠진 학교는 졸업장을 볼모로 잡아둔 수용소와 다름없다. 이런 현실 속에서 성교육은 무엇을 할 수 있을지 혹은 무엇을 해야 할지 묻게 된다.

성이라는 가장 정치적인 질문 앞에서 우리는 민주적인 관계와 서로의 권리를, 무엇이 폭력이고 어떻게 평등해져야 하는지를 새롭게 배우며 함께 성장할 수 있지 않을까. 그 위에서 민주적인 학교를 다시 쌓아가기 위해 나는 다음 수업에서도 기꺼이 묻고, 들을 것이다. 그 길에 함께하는 교사가 더 많아지기를 바란다.

남학생은 '자위'를,
여학생은 '월경'을 묻는다

생물학적 성차를 넘어서

한 중학교에서 1, 2학년 전체 학생을 대상으로 성교육 수업을 하기 전 익명으로 사전 질문을 받아보았다. 청소년 당사자들이 현재 성에 관해 가장 궁금해하는 것이 무엇인지 미리 알아보고 실질적인 도움이 되는 교육을 하면 좋겠다는 담당 선생님의 제안 때문이었다. 이렇게 '기획'까지 함께하는 선생님은 드문 편이다. 학생들이 쓴 수십 장의 쪽지를 한 장 한 장 사진으로 찍어 보내주신 선생님의 성의와 열정에 응답하고자, 받은 질문 내용을 꼼꼼히 살펴보며 주제별로 정리했다.

그런데, 성별에 따라 궁금해하는 내용이 달랐다. 남학생의 대부분은 발기와 자위, '야동'에 대해 질문했다. 발기가 너무 자주 되거나 자위를 너무 많이 해서 걱

정된다는 것, 발기 횟수와 정력의 관계, '야동'의 중독성
이나 법적 규제 등에 대한 질문이었다. 여학생들은 월
경에 관한 질문을 가장 많이 했고, 그 외에는 임신이나
연애에 대한 내용이 나왔다. 모든 성별에서 성관계에
대한 질문이 조금 나왔는데, 특히 여학생의 경우에는
성인과의 성관계에 대해 질문한 것이 눈에 띄었다. 학
생들의 질문을 펼쳐 놓고 있자니, 의문이 꼬리에 꼬리
를 물었다.

첫째, 청소년들은 왜 '성'을 몸의 테두리 안에서만
생각하게 됐을까? 성을 '몸의 문제'로 한정해서 인식하
면 무엇을 놓치게 될까. 실제로 많은 성교육이 신체와
관련된 지식을 중심으로 이뤄진다. 성을 몸과 일치시키
는 관점은 성기(혹은 생식기)의 기능과 존재에 대한 과도
한 집중을 유발하고, 그것에 더 많은 의미를 부여하게
만든다. '몸 바깥'과 관계 맺지 않고, 몸 안팎을 통합적
으로 사유하지 않는 성 담론은 자칫 '본능'과 연결되기
쉽다.

그런데, 성욕은 과연 본능의 영역일까? 사회적으
로 학습된 결과로서의 '성욕'이 학생들의 성별에 따른
질문의 편차를 만들어낸 것 아닐까? 몸–성기–본능–
성욕으로 귀결된 성 담론은 남학생에게는 '충동'을, 여
학생에게는 임신의 '위험성'을 경고하며 성을 '통제'와
'안전'이라는 틀 안으로 끌어들인다.

둘째, 남학생들은 발기와 자위 등 자신의 '성욕 해소'가 왜 성에 대한 최우선 관심사가 됐을까? 그것은 무슨 의미일까. 성욕의 실천 여부가 정상성과 '남자의 능력'을 상징한다고 보는 학생들의 생각은 사실 많은 성인 남성이 성이나 섹스를 대하는 태도와 다르지 않다. 다른 중학교에서 성교육을 했을 때, 1학년 남학생이 '성' 하면 떠오르는 이미지를 '남자가 여자 몸을 만지는 것'이라 표현한 적이 있다. 솔직히 나는 그 학생의 직관이 놀라웠다. 현재 한국사회에서 통용되는 성적 권력의 주체와 대상이 누구인지 청소년들도 정확히 인식하고 있음을 보여주었기 때문이다.

셋째, 자위하는 여학생은 없을까? 여학생들은 누구와 그런 이야기를 나눌 수 있을까. 남녀공학에서 수업을 할 때, 편하고 자유로운 분위기가 형성되더라도 여학생들은 남학생들에 비해 성에 대한 표현을 적극적으로, 솔직하게 말하기 어렵다. 자위나 '야동' 이야기가 나오면 남학생들은 웃으며 떠들기도 하고 자신의 경험을 당당하게 드러내며 과시하기까지 하지만 여학생들은 그 대화에 잘 참여하지 않는다.

이럴 땐 성별을 분리해 성교육을 하는 게 더 효과적일 것 같은데, 학교 수업의 조건상 그렇게 탄력적으로 이뤄지기가 힘들어 아쉽다. 정해진 수업 일정과 예산에는 한계가 있기 때문이다. 성별에 관계없이 똑같은 교육권을 갖고 있다 해도 실질적으로 참여하고 누리는 것은 다시 성별화된다.

넷째, 그렇다면 여학생에게 허용되거나 실현 가능한 성적 욕망과 표현은 존재할까? 월경에 대한 지식은 보건이나 생물 수업 시간에도 자세히 배운다. 그런데도 여학생들은 성교육 시간에 '의학적'인 질문을 가장 많이 던진다. 생리적 기능 외에 성적 존재로서의 자신과 몸을 연결시켜 바라보고 경험할 기회가 충분치 않기 때문이다.

우리 사회에서 '소녀'가 성적 존재감을 가질 수 있는 방법은 성적으로 대상화되는 것뿐이다. 성적 콘텐츠를 모아놓은 사이트에서 '여고생'이나 '여중생' 키워드는 늘 상위권에 랭크되어 있다. 청소년과 성인 간의 연애나 섹스에 대해 된다/안 된다를 말하기 전에, 왜 남학생은 여학생에 비해 성인과의 연애나 섹스에 대한 고민이 거의 없는지, 10대 여성에게 주어진 성과 연애의 현실적 조건이 어떠한지를 들여다봐야 할 것이다.

성에 대한 학생들의 질문을 통해, 나는 무엇보다 우리가 철저히 이분법적인 성별 체계에서 살아가고 있다는 것을, 그 질서에 따라 섹슈얼리티를 이해하고 수행하고 있다는 것을 실감할 수 있었다. 이미 학생들에게 내면화된 젠더와 섹슈얼리티의 불균형한 인식을 45분의 수업으로 해소한다는 건 불가능하다.

10대들이 성에 대한 '다른' 생각과 상상을 허용받은 적이 없는 상태에서, 강사가 무엇이 '옳다'고 주입한들 그것은 주입식 훈계에 지나지 않는다. 그래서 나는 다만 익숙한 사고의 틀을 깰 수 있는 작은 균열이 생기기를 바라며 수업을 준비했다. 만약 학생들이 일찍부터 체계화된 젠더감수성 교육을 받으며 섹슈얼리티의 다양성을 접할 수 있었다면, 성별 간 질문의 편차는 줄어들었을 것이고 성을 상상하는 스펙트럼은 더 넓어지지 않았을까.

청소년 대상으로 성교육을 할 때 가장 강조하게 되는 것 중 하나가 바로 '성고정관념 깨기'이다. '여자답다', '남자답다'는 통념이 나에게 가지는 의미를 생각해 보고, 자유롭고 행복하게 살면서 타인을 억압하지 않도록 우리가 가진 개별적이고도 다양한 잠재성을 탐구해 보는 것이다.

청소년들에게 '성' 하면 무엇이 떠오르는지 질문했을 때 가장 많이 나오는 답이 '성별' 또는 '여자와 남자'다. 성에 대한 인식의 출발이 '세상에는 남자와 여자라는 서로 다른 두 부류가 있고, 그중 하나에 내가 속해 있다'는 것을 기본 전제로 하는 것이다. 그러니 연애와 섹스에 대해 상상할 때도 이성애 커플 관계를 떠올리고, 거기에 남녀의 성역할이 자동적으로 따라온다.

아이들이 보내는 일상적인 공간이 얼마나 젠더화

되어 있는지 생각해보면 너무 당연한 결과다. 'n번방' 사건 이후 아동·청소년을 대상으로 한 성교육이나 성 평등 교육이 사회적으로 강조되고 있지만, 시간과 조건의 제약이 많은 교육 환경에서 이들의 젠더감수성을 기르기에는 한계가 많다. 아이들의 일상을 둘러싼 가정과 학교, 미디어에서는 과연 이분법적 성 규범을 벗어난 외모나 행동을 얼마나 수용해주고 있는가? 성역할 고정관념은 수업 바깥의 공간들에서 여전히 강력하게 학습되고, 대물림되고 있다.

몇 년 전, 한 남자 중학교에 성교육을 갔을 때 담당 교사가 수업 전에 "남학생들이니 짓궂어도 이해해달라"라며 부탁한 적이 있다. 여학교에서나 여학생들에 대해서는 한 번도 들어본 적 없는 표현이었다. 남성에게'만' 이 같은 특성을 부여할 때, 폭력이나 괴롭힘을 장난으로 치부하게 되고 결국 성범죄에 대한 인식을 흐리게 만든다. 성적인 의미를 내포하고 있는 '짓궂음'이 성장기 '소년'의 자연스러운 일로 관대하게 받아들여지는 분위기는 이들이 자라면서 성에 대한 왜곡된 태도를 지니게 만들 뿐 아니라 주변에 피해자를 양산한다.

반면, 여학생의 경우에는 외모에 통 관심이 없어도("여자 맞냐"), 외모에 큰 관심을 보여도("누구 보여주려고 꾸몄냐") 모두 비난의 요소가 된다. 여학생 교복 상의 안주머니에 틴트를 넣을 작은 주머니를 디자인해 판매

하면서, 정작 입술을 붉게 칠한 여학생들을 비난하는 사회의 이중 잣대가 성과 몸에 대한 여학생의 주체성과 통제력을 기를 수 없게 만들고 있다.

당연하게도, 우리 모두는 동등한 성적 존재로서 존중받고 자유를 누릴 권리가 있다. 청소년들이 기울지 않은 평평한 곳에서, 안전하게 자신의 성에 대해 말하고 서로 듣고 묻는 장이 펼쳐지기를 바란다. 생물학적 성차를 넘어, 성에 대한 고정관념과 성차별에 반대하는 성교육이 우리의 삶과 일상 곳곳에서 이루어질 수 있기를.

교실에 두고 온 너희들이 생각난다

'n번방' 사건을 접하고,
파노라마처럼 떠오른 기억들

모두 분노가 치민다고 한다. 나도 며칠째 잠을 쉬이 이루지 못했다. 처음엔 닥치는 대로 청원을 하고 눈이 빠지도록 뉴스를 보고 시시각각 드러나는 사건 내용을 퍼날랐다. 누가 배 속에 손을 넣어 휘저은 것처럼 속이 뒤집히며 메슥거렸고 관자놀이가 시큰할 만큼 두통이 왔다. 어제부턴 왜인지 온몸의 관절 하나하나가 쑤셔서 통증이 있을 때마다 온 신경이 곤두선다. 그런데 시간이 지날수록 너희들이 떠오른다. 그때 내가 무얼 더 했어야 했나. 뭘 할 수 있었을까. 찝찝하게 넘겼던 장면들, 툭 던져진 말 한마디가 오늘 내내 파노라마처럼 흘러갔다.

처음 젠더교육을 시작했을 때 나는 시범적으로 여

학생들을 따로 모아 수업했다. 10대 여성들이 성과 몸에 대해 자유롭게 말할 수 있는 기회를 얻길 바랐다. 그런데 교실 밖 창문에 다닥다닥 붙어 있던 너희들은 수업이 끝나고 나오는 나에게 몰려와 소리 질렀다. "왜 여자만 성교육해요? 이건 역차별이야!"

정말 너희의 바람이 이뤄졌는지, 몇 달 후 나는 너희만 따로 모아놓고 수업을 하게 됐다. 너희가 같은 반 여학생들에게 몇 년간 외모 품평을 심하게 하며 "그 얼굴로 왜 사냐? 내가 네 얼굴이면 자살하겠다"라고 말했다더라. 친구들은 너희의 말에 깊이 상처받았지. 그래서 너희는 '긴급 처방'으로 내 수업을 듣게 되었다. 차별에 대해 이야기하자 너희는 스스로를 '피해자'라고 했다. "체육 시간에 여자애들은 그늘에 쉬게 하고 우리만 더운데 땀 흘리면서 축구하라고 해요! 남자들이 역차별당한다구요!"

너희는 남자라 득 보는 게 하나도 없고 오히려 남자라는 이유로 무거운 책상 나르기, 더러운 쓰레기 치우기만 시킨다며 한참 투덜거렸다. 그런데 다음 주제인 '몸'에서 너희는 할 얘기가 없다고 해 진도가 잘 안 나갔다. 자신의 몸에서 마음에 안 드는 곳을 표시해보라고 하자 너희는 백지를 냈다. "저 정도면 괜찮은 것 같은데요? 키 작은 거 빼고? 근데 키는 고등학교 가면 클 거니까~."

나는 여학생들이 표시한 부분을 모아놓은 그림을 보여주었다. 머리부터 발끝까지 빼곡했고 표시한 부분마다 구체적인 내용이 담겨 있었다. 너희들은 의아해하며 이해가 가지 않는다고 했다. "자기 몸에 대해 왜 이렇게 생각하게 됐을까?" 하는 나의 질문에 너희 중 하나가 퉁명스럽게 답했다. "자존감이 낮으니까 남의 눈만 의식하지." "부모님이 주신 몸인데 소중하게 여겨야지."

나는 의연한 척했지만 사실 조금 놀랐고, 무서웠고, 슬펐다. 하지만 너희가 계속 그런 식으로 약자를 탓하길 원치 않았기에 다시 생각할 수 있는 질문을 끊임없이 던졌다. 결국 너희는 "외모로 사람을 평가하고 조롱하는 것은 나쁘고 상처를 주는 일"이라는 답을 스스로 만들었다. 너희가 배움을 계속 실천하며 살아가고 있으면 좋겠다. 나는 아직 너희를 잊지 않았는데, 너희도 그 수업에서 너희가 찾은 답을 기억하면 좋겠다.

너희는 가끔 생각지도 못한 말로 나를 당황시켰다. 친구들 모두 연애 얘기만 할 때 너희 친구 하나는 연애를 절대 안 하겠다고 선언했지. 내가 이유를 묻자 그 친구는 단호히 말했다. "여자는 다 꽃뱀이잖아요."

나는 그 말이 무슨 뜻인지 아느냐고 물었는데 그 친구는 꽤 구체적으로 답했다. "부자인 남자 꼬셔서 등쳐 먹고 사기 치는 여자." 실제로 꽃뱀을 본 적이 있냐,

본 적도 없는데 왜 그렇게 굳게 믿냐, 너는 누군가 등쳐 먹을 만큼 부자이거나 앞으로 부자가 될 예정이냐, 아니라면서 왜 너한테 꽃뱀이 접근할 거라 걱정하냐 등등 내가 끈덕지게 묻자 너는 결국 "아잇 몰라요!" 하고 가버렸다. 나는 너의 다정다감한 모습과 따뜻한 웃음, 친구들을 잘 챙겨주는 성격을 보았는데 너는 왜 여자를 그렇게 보게 됐을까. 너는 왜 여자를 증오하듯이 말할까. 너는 지금도 여자를 경멸하면서 동시에 두려워하고 있을까?

너희는 나를 보며 '페미'라고 수군거리고 '메갈'이냐고 물었다. 그리고 대뜸 나에게 '갓건배(미러링하는 여성 게임 유튜버)'를 아느냐며, 너희들이 갓건배를 죽이겠다고 방송한 남성 유튜버들의 구독자라고 했다. 그 방송들이 너무 재미있다고 했다. 그 남성 유튜버들은 갓건배로 추정되는 여성의 집에 찾아가 갓건배든 아니든 죽여버리겠다고 라이브 방송을 하며 후원금을 걸었다. 또 다른 방송에서는 큰 공구들을 집어 던지며 "갓건배 ○○년 보지에 다 쑤셔버린다"라고 욕을 했다. 초등학교 2, 3학년으로 보이는 남자아이들도 갓건배에게 욕하며 협박하는 방송을 따라 만들어 올렸다. 초등 남아들에 의한 '엄마 몰카'가 보도되기 직전 무렵이었던 것 같다. 나는 너희에게 나도 그 방송을 다 봤고, 그건 재밌는 게 아니라 폭력이고 범죄라고 했다. 너희가 느끼는 '재미'가 무엇일까.

나는 너희가 교실에서 '재미'로 하는 '농담'이 가끔 소름 끼친다. 성매매 여성에 대한 낙인 문제를 설명하기 위해 성매매 관련 기사에 쓰인 여성의 이미지를 보여주자 옆의 여학생에게 "저거 너 닮았다"라고 낄낄거린 너희들. 생리컵을 보고 "저도 오줌 참을 때 쓰게 하나만 주세요" 하며 낄낄거린 너희들. 수업 활동지에 "여자는 박히고 아파하고 신음한다. 남자는 흥분하고 핥고 싼다"라고 쓰며 낄낄거린 너희들. 여교사의 수업 도중 "선생님 저 자위하고 싶어요!"라고 함께 외쳤다는 너희들. 무례한 태도는 사춘기의 반항으로, 상대방에 대한 모욕은 청소년기 남자아이의 짓궂음으로, 일상화된 폭력은 남성적 특징으로, 어른들은 너희를 그렇게 해석하고 케어해주었다.

그리고 오늘 문득 생각났다. 수업 내내 책상 위에 발을 올린 채 나에게 '메갈년'이라고 했던 너, "소라넷은 아직 있어요. 절대 안 없어져"라고 했지. 거기가 어디였을까. 혹시 그곳이었을까. 어제 "내 미래의 꿈은 '박사'*가 되는 것"이라며 학교 여자 화장실 불법촬영물을 공

---

* 미성년자를 포함한 여성들을 상대로 성착취 영상물을 찍도록 협박하고, 텔레그램 비밀 대화방을 이용해 그것을 공유·판매한 'n번방' 사건의 주범 중 한 명인 조주빈의 별칭이다.

유했다는 남고생에 관한 기사를 보았다. 내가 만난 너희의 꿈은 무엇이었을까. 너희는 누구를 보며 어떤 꿈을 꾸고 있을까.

성차별이 뭐냐고 아직 묻지 못했다

'남성가족부'를 주장하는 학생을 만나고

늘 새로운 곳에 가서 처음 만나는 사람들 앞에서 강의하는 일은 생각보다 많은 긴장과 부담을 동반한다. 특히 젠더, 성차별을 주제로 한 수업은 사람들로부터 호의보다 저항을 불러일으키기에 교육장의 문을 열기 전한 번 심호흡을 깊게 하고 아랫배에 힘을 주어야 한다. 그날도 그런 수업 중 하나였다. 하지만 문을 열고 교실에 들어선 순간 처음 마주치는 당혹스러운 광경이 벌어졌다.

내가 중학교 교실에 도착하자마자 한 2학년 남학생이 앞으로 후다닥 나와 수업에 사용할 컴퓨터에서 무언가 작업을 하기 시작했다. 수업 자료를 컴퓨터에 다운받으려던 나는 그를 의아하게 쳐다보았지만, 그 남학생은 옆에 있는 나를 아랑곳하지 않고 수업용 스크린 한가운데에 '남성가족부' 로고를 크게 띄워놓았다. 그러더니 강단 중앙에 서서 결연하게 팔을 높이 들고 주먹을 흔들며, "남성가족부를 만들어라!" 세 번 소리쳤다. 마치 독립투사처럼. 수업을 감독하러 들어온 선생님이 황급히 그 학생을 자리로 떠밀었지만 뒤집어지게 웃는 학생들로 교실은 이미 순식간에 난장판이 되었고 나는 '멘붕' 상태가 됐다.

수업을 시작하기도 전에 망했다는 생각에 머리가 띵했지만 어쨌든 이 상황을 그대로 넘길 순 없었다. 어쩌면 이 국면을 제대로 짚는 것이 오늘 예정했던 수업보다 중요할지도 모르겠다고 생각했다. 아니, 이것이 성평등 수업을 통해 우리가 진짜 도달해야 할 목적지일 수도 있을 것이다. 학생들의 소란이 좀 진정된 다음 나도 마음을 차분히 다잡고 마이크를 들어 그 남학생에게 물었다.

"왜 제가 수업하기 직전에 앞으로 나와서 이런 이미지를 깔고 소리쳤나요? 남성가족부가 필요하다고 생각하는 이유가 있나요?"

그 '퍼포먼스'를 했던 남학생은 내가 직접 대면해 질문하자 얼굴이 빨개진 채 대답을 하지 못하고 친구들 뒤로 숨기에 바빴다.

"다른 수업 시간에도 이렇게 하나요?"

"아뇨. 오늘 처음이에요."

남학생이 답하자 주변의 여학생들이 "뻥치시네"라고 했다.

"친구들이 아니라는데? 그럼 전에도 이렇게 했어요?"

"얘는 맨날 우리한테도 남성가족부 얘기했어요."

여학생들이 나에게 이르듯이 말했다.

남학생은 아까 앞에서의 태도와 다르게 작은 목소리로 말했다.

"남성가족부 얘기를 하긴 했는데, 이렇게 나와서 한 건 처음이에요."

"그러니까, 다른 수업에서는 하지 않았는데 왜 이 수업에서 했는지 설명해주세요."

"저도 잘 모르겠어요."

"그럼, 남성가족부가 필요하다고 생각해요?"

"그것도 잘 모르겠어요."

"본인도 모르면서 왜 이런 말과 행동을 하는 거죠?"

그는 더 이상 아무 말도 하지 않았다. 모르겠다고 답할 때 약간 민망해하며 정말 아무것도 모르는 순진한 표정을 지었다.

"그럼 여성가족부는 왜 생겼을까요? 여러분은 알고 있나요?"

남학생과 일문일답을 하는 동안 잠잠해진 교실에

는 이내 적막이 흘렀다.

"여성가족부는 여러 정부 부처 중 하나죠. 정부에서 그런 부처가 국가에 필요한 기구라고 생각한 이유가 있을 거예요. 2000년대 초반 처음엔 여성부로 시작했다가 나중에 여성가족부로 바뀌었는데요, 오늘 제가 진행할 가정폭력 예방교육, 성매매 예방교육을 여러분이 매년 의무적으로 받는 것도 여성가족부의 정책입니다."

나는 가정폭력방지법과 성매매방지법이 생겨난 과정의 역사를 짤막이 설명했다. 1980년대 중반만 해도 남편에게 구타 등 물리적 폭력을 당한 여성이 40퍼센트에 이르렀고, 성매매방지법은 2000년대에 성매매업소 집결지에서 연달아 일어난 화재 사고로 많은 피해자가 희생되어 만들어지게 된 것이라고.

"법이 생기기 전에 피해자들이 과연 제대로 보호를 받았을까요? 생각해보면 이런 법들이 만들어진 게 불과 20~30년 전인데, 그전에는 사람들이 이걸 범죄나 폭력이라고 생각하지 않았을 거예요. 그런데 법이 생겼다고 바로 사람들 인식이 변할까요? 익숙해진 생각을 바꾸기는 무척 어려워요. 그래서 우리가 자꾸 다른 관점으로 생각해보기 위해 오늘 이런 교육을 하는 거예요."

남성가족부를 주장했던 남학생을 포함해 모든 학

생이 진지한 눈빛과 태도로 듣고 있었다.

"가정폭력방지법을 만들기까지 여성 단체들은 가정폭력 피해 실태조사를 하고 전 국민을 상대로 서명운동을 하고 국회의원들에게 법 제정을 끊임없이 요구했어요. 만약에 사람들이 남성 차별이 심하다고 생각했으면 남성부를 만들자고 했겠죠. 남성의 인권이 제대로 보장되지 않는다고 느꼈다면 남성 인권 운동을 했을 거고요. 그런데 실제로는 그런 움직임이 보이지 않습니다. 남성 성폭력 피해자를 상담하는 일도 대부분 여성 단체에서 맡고 있지요. 여러분도 남성가족부가 필요하다고 느끼나요?"

첫 수업에 배정된 시간 중 벌써 반이 흘러갔다. 짧게 남은 시간 동안 원래 계획한 수업을 진행하느라 진땀이 났지만 시간을 날려 아깝다는 생각도, 수업이 망했다는 생각도 들지 않았다. 남성가족부를 주장했던 남학생조차 남은 수업에 적극적으로 참여하며 열심히 발표하는 모습을 보여주어 헛된 대화가 아니었던 것 같아 안도했다.

수업에서 있었던 일을 주위에 알리자 한 지인이 그 남학생과 학교로부터 제대로 사과를 받아야 한다는 의견을 주었다. 솔직히 그 수업을 끝까지 한 것만으로도 진이 다 빠진 상태여서 더 이상의 '액션'을 할 의지도 여유도 별로 없었고 그 정도면 '좋게' 끝난 거 아닌가,

하고 슬쩍 넘어가고도 싶었다. 하지만 잘못에 대해 분명한 책임을 지게 하는 과정을 거치는 것이 나와 그 학생, 그리고 주변의 친구들에게도 필요한 일이라는 생각이 들었다.

수업을 참관했던 담당 선생님에게 연락하니 선생님은 현장에서 자신이 제대로 대처하지 못한 것 같다며 세 번을 사과했다. 그리고 앞으로 학생들을 잘 지도하기 위해 페미니즘 공부를 하고 싶다며 읽을 만한 책을 추천해달라고 부탁했다. 선생님은 특히 남학생들을 중심으로 페미니즘이나 여성가족부에 대한 오해와 거부감이 커지는 분위기에 대해 진심으로 걱정하고, 그런 문제를 잘 해결해보고 싶어 했다. 나는 선생님에게 수업 평가서를 만들어드릴 테니 앞으로 학교에서 교육에 반영했으면 좋겠다고 제안했고, '남성가족부' 학생에게는 따로 사과를 받고 싶다고 요청했다. 그러자 선생님은 이 일을 교무부장 선생님에게도 공유했고, 해당 학생은 여러 번 따로 면담해 수업 시간에 벌인 일에 대해 잘못을 인정하고 앞으로 그런 언행을 하지 않겠다는 반성문을 썼다. 학생에 대한 지도가 끝난 날 선생님은 학생이 직접 손으로 쓴 반성문을 문자 메시지로 보내왔고, '그 사건'은 일단락되었다

사실 다른 중·고등학교에서도 수업을 하다 보면 여성가족부에 치를 떠는(?) 남학생들을 쉽게 만날 수

있었다. 강의를 잘 듣다가도 자료 화면에서 여성가족부 표기를 발견하면 "우~" 하고 야유하거나, "야, 여가부 것은 걸러" 같은 말을 아무렇지 않게 내뱉곤 한다. 여성가족부의 정책과 예산으로 실시하는 교육에서 여성가족부가 '공공의 적'이자 불신의 대상으로 전락한 아이러니라니. 하지만 이렇게 덮어놓고 거부감을 표하는 학생들과 조금만 대화해보면, 앞의 남학생 사례처럼 자신의 생각을 뒷받침하는 '내용'이 비어 있기 일쑤다. 온라인 커뮤니티를 중심으로 10년도 넘게 이어진 여성가족부에 대한 음해와 공격의 '주입 사상'이 맺은 결실이다. 현재의 10대는 아마 인터넷을 처음 접한 어린 시절부터 그 영향을 쭉 받았을 것으로 추정된다.

2022년 대선을 앞두고 윤석열 당시 후보는 자신의 SNS에 '여성가족부 폐지'라는 단 일곱 글자만을 대문짝만하게 남겼다. 하나의 '바이럴'이 된 그 게시물은 특정 지지층을 끌어모았고, 여성가족부의 존재 자체를 더욱 공격하기 쉽게 만들었다. 대통령에 의해 여성가족부가 '공공의 적'으로 저격당하고 우습게 여겨지니 그곳에서 관장하는 주요 사업 중 하나인 폭력예방교육이나 성/젠더교육 역시 '언젠가 없어질 (혹은 없어져야 할) 교육'으로 취급받는 경향이 강해진다.

이는 단순히 여성가족부를 감싸느냐 마느냐의 문제가 아니라 우리 사회의 '여성'이라는 존재와 그 위치 자체를 보여주는 현상이다. 젠더 전문 부처가 생길 수밖에 없었던 역사적 과정과 맥락은 싹 무시하거나 관심을 갖지 않고, '여성'이 호명되는 것 자체에 불쾌감을 자유롭게 표현하다 결국엔 "구조적 성차별은 없다"*라며 여성 인권 문제를 지워버리고자 하는 남성 중심 문화가 여전히 공고하다. 여기에 맞서기 위해 '성차별은 있다'고 반박하는 것만으로는 불충분할뿐더러 결과적으로 공허할 것이다. 왜냐면 상대는 아직 성차별이 무엇인지도 잘 모르기 때문이다. 여성가족부의 중요성을 알리고 지키는 것도 중요하지만 "그래서, 네가 생각하는 성차별이 뭔데?" 하고 토론할 수 있는 장이 우리 삶 곳곳에서 펼쳐져야 한다.

---

* 대선 후보 인터뷰에서 윤석열은 여성가족부 폐지 공약에 대한 질문에 "중도·보수선 여가부가 역사적 기능을 이미 다해 존재할 이유가 없다고 본다. 젊은 사람들은 여성을 약자로 생각하지 않는다. 더 이상 구조적 성차별은 없다. 차별은 개인적 문제다"라고 답했다. 발언이 큰 논란을 빚자 인터뷰 기사가 나간 다음 날 다시 기자들에게 "구조적인 남녀 차별이 없다고 말씀드린 건 아니"라고 해명했다. 김현빈, 〈윤석열 "내가 보복정치? 죄지은 민주당 사람들 생각일 뿐" [인터뷰]〉, 《한국일보》, 2022년 2월 7일, https://www.hankookilbo.com/News/Read/A2022020616070004064; 조선혜, 〈윤석열은 왜 자꾸 말이 바뀔까?〉, 《오마이뉴스》, 2022년 2월 9일, https://www.ohmynews.com/NWS_Web/View/at_pg.aspx?CNTN_CD=A0002808633&CMPT_CD=P0010&utm_source=naver&utm_medium=newsearch&utm_campaign=naver_news 참조.

새로운 정권에서 공약한 '여성가족부 폐지'가 실현된다면 그 후 학교의 젠더교육이 어떻게 흘러갈까. 폐지가 되지 않은 현재에도 윤석열 정부가 들어서고부터 여성가족부의 젠더와 인권 관련 정책이 하나둘 사라지거나 예산이 삭감되고 있다. 2023년 9월 여성가족부에서는 내년도 초·중·고등학교 성 인권 교육 예산을 전액 삭감한다고 발표했다. 정권의 움직임은 전국으로 발 빠르게 이어져 각 지역 교육청들까지 젠더교육을 축소시키거나 강의를 검열하는 일이 속속 발생하고 있다. 이러한 분위기에서 젠더교육이 탄력을 받기란 불가능하다. 청소년들과 "성차별이 뭘까?"라는 질문에서 출발한 교육은 아직 시작도 하지 못했는데 말이다.

성교육 현장의 '기울어진 젠더'

교실의 '젠더권력'에서 소외되는 여학생

"요즘 아이들 사이에서도 성차별이 있어요?"

양육자나 교사를 대상으로 청소년 성교육에 대한 강의를 하다 보면 이런 질문이 나오곤 한다. 이제 시절이 좋아져 현재의 10대는 윗세대와 달리 성평등한 관계를 맺지 않겠느냐는 긍정적인 전망을 담고 있는 말처럼 들린다. 하지만 거기서 더 나아가 "요즘은 여학생들이 남학생보다 더 똑똑하고 자기주장이 강하다"라는 누군가의 '증언'이 나오면 "그래서 남자애들이 기를 못 편다"라는 '우려'로 이어지곤 한다.

이들은 무엇을 걱정하고, 못마땅해하는 걸까? 왜 여학생들의 '지나친' 우수함은 그 자체로 칭찬이나 격려할 일이 아니라 남학생들에 대한 '위협'으로 여겨질까? 여학생들의 성취가 남학생보다 낮아지면 안심이 될까? 나는 청소년과 가장 가까운 관계에 있는 성인들이 젠더에 따라 다른 기대를 스스럼없이 드러내는 것을 보며 평소 이들이 여학생과 남학생을 각각 어떻게 대할지, 그것이 청소년들에게 어떤 영향을 끼칠지가 더 우려스러웠다. 성교육은 수업에서 이뤄지는 것이 다가 아니다. 매일 일상에서 무의식적으로 드러나는 은근한 시선과 태도 그 자체가 성교육이 된다. 친밀한 관계의 주변 성인들의 가치관은 성장하는 청소년들의 성 인식과 그들의 삶에 가장 큰 영향을 미친다.

어른들의 우려와 달리 청소년 성교육 강의에서 '말하는 사람'은 주로 남학생이다. 자신의 의견을 말하는 것뿐 아니라 강사인 내 말도 중간에 잘 자른다. 청소년만 그런 것이 아니다. 성인 대상 강의에서도 남성은 여성에 비해 훨씬 자주, 오래 말한다. 여성의 인원수가 더 많을 때조차 남성이 '대표 발언' 같은 걸 하는 모습을 자주 보았다. 동료 강사들에게 들은 경험담도 나와 비슷하다. 그래서 성별에 따라 발언권을 똑같이 부여하고 수업을 진행해야 하나 고민할 때도 있는데, 말하지 않는 (혹은 못하는) 사람에게는 그 이유가 있을 테고 대답을 강요하고 싶지 않아 참곤 했다. 똑똑하고 자기주장이 강해서 남학생들 기를 죽인다는 여학생들은 다 어디에 있나? 그들은 왜 성교육 시간에 침묵할까? ·

몇 년 전 어느 중학교에 성교육을 하러 갔을 때였다. 수업 내용 중 자위에 대한 이야기가 나왔는데 마침 지각한 남학생이 교실에 등장했다. 그러자 다른 남학생들이 "쟤는 자위하다 늦었대요!"라며 그를 놀리고 깔깔거렸다. 남학생들은 그에게 "[자위를] 몇 번 했냐?"라며 계속 장난을 쳤는데, 지각한 학생은 친구들의 말에 씩 웃기만 하고 별 반응이 없었다. 반면 함께 있던 여학생들은 아무도 웃지 않고, 그 농담에 전혀 끼지 않았다. 같은 공간에 있으면서도 성별에 따라 전혀 다른 공기가 흐르는 느낌이었다. 그 후에도 자위에 대한 수업이 더 이어졌는데, 질문이나 답을 하는 것은 모두 남학생들이었다. 나 역시 여학생들에게 먼저 자위에 대해 묻거나 말하게 할 수 없었다.

　　수업 중간 쉬는 시간에 나는 혼자서 잠깐 상상의 나래를 펼쳐보았다. 만약 어떤 여학생이 지각을 했는데 누군가 "자위하다 늦었냐?"라고 묻는다면? 그런 '농담'을 던질 사람이 있을까? 다른 여학생들도 아까의 남학생들처럼 깔깔거리고 웃을 수 있을까? 그 말을 들은 여학생은 어떻게 반응할까? 내 수업에서 실제로 벌어진다고 생각하면 아찔해서 식은땀이 날 일이다. 똑같은 말이 누군가에겐 '안전한 농담'이 되고 다른 이에겐 '성폭력'이 되는 이 극단적인 '차이'를 우리는 어떻게 함께 넘어설 수 있는가? 남의 눈치를 보지 않고 자유롭게 말할 수 있는 집단과 들려도 못 들은 척, 알아도 모르는 척하는 집단이 공존하는 현실에서 성교육은 어떻게 이루어져야 할까? 소외되는 이들을 일으켜 세우고 이 기울기에 균열을 낼 수 있을까?

오랜 시간이 흐른 뒤에도 그 수업에서 느낀 성별 간의 보이지 않는 격차는 성교육 강사로서의 나에게 무거운 고민과 어려운 숙제를 남겼다. 여학생들은 그 수업에서 무엇을 배웠을까? 남학생들'만' 웃었을 때 어떤 생각을 했을까? 청소년 성교육에서 나는 성적자기결정권을 자주 다룬다. 청소년을 보호의 대상으로만 취급하고 그들의 성적 주체성을 인정하지 않는 사회적 분위기가 강하므로, 자신과 타인의 권리를 의식하고 존중하는 것에 대해 말하고 배울 기회가 더욱 많아져야 한다고 생각하기 때문이다. 그러나 정작 수업 안에서 참여자들의 성적자기결정권, 성적 주체로서의 자율성은 동등하게 주어지지 않는다. 여성 청소년이나 성소수자 청소년은 구경꾼이 되거나 그림자로 남는다. 교실의 젠더권력 앞에 강사로서의 신념이 힘을 잃을 때마다 박탈감과 책임감이 밀려들곤 한다. 그러나 이것은 일회성 교육으로 청소년을 만나는 외부 강사 혼자 해결하기엔 현실적으로 힘든 문제다.

교실의 풍경은 어른들이 만든 사회의 거울이나 마찬가지다. 섹슈얼리티에 대한 발화 권력이 남성에게 일방적으로 기울어진 현상은 교실뿐 아니라 우리의 삶과 일상 어디에서나 볼 수 있다. 성적 욕망과 표현에 대한 남성의 자유는 마치 '천부인권'처럼 여겨진다. 2018년 정부에서 수백 개의 불법 음란물 사이트를 차단하고 앞으로 규제를 더욱 강화하겠다고 발표했을 때, 일부 남초 커뮤니티를 중심으로 "민주주의 사회에서 개인의 '표현의 자유'를 침해한다"라는 반발이 일었다. 당시 정부에서 차단한 곳은 여성 단체에서 고발한 100개 이상의 사이트를 포함한 것으로, 불법촬영물 공유, 성구매 알선, 저작권 침해 등 범죄행위와 연관된 곳이 많았다. '표현의 자유'와는 전혀 무관한 것이다.

그 이슈가 언론에 한창 보도된 무렵, 지역의 한 중학교에 성교육을 나갔는데 남학생들이 강사인 나에게 화풀이하듯 그 문제에 대해 항의(?)했다. 왜 '야동'을 못 보게 하냐는 것이었다. 젠더기반 폭력과 관련되어 있을 그 자료들에 대해 '음란물'이나 '야동'이라는 용어를 붙인 것부터가 '성'과 '폭력'을 바라보는 우리 사회의 시선이 얼마나 곪아 있는지 보여주는 방증이다. 거기에 더해, '표현의 자유'라는 사회적 권리를 이럴 때 휘두르려는 것을 보면 우리 사회가 민주주의에 대한 기본적인 교육부터 실패했음을 알 수 있다. 나는 표현의 '자유'가 무제한으로 주어진 것이 아니라, 표현에는 한계가 있고 책임이 따름을 이야기했다. 그리고 이들이 주장한 '야동을 볼 권리'가 무엇을, 어떻게 표현하고 싶은 것인지 다시 생각해보라 권하며 그 '표현' 때문에 누군가 피해를 본다면 정당한 권리가 될 수 없다고 설명했다.

섹슈얼리티에 대한 남성의 왜곡된 감각과 인식의 바탕에는 여성혐오적인 문화와 성고정관념이 자리한다. 이것은 '남성 연대'를 통해 길러지고 강화되며, '놀이'의 형태로 벌어지기에 별일 아닌 것으로 취급되기 쉽다. 성교육에서 성희롱이나 성폭력적인 상황이 발생하는 것만큼 불쾌하고 당황스러운 일은 없을 것이다. 그런데 성교육 시간을 '빌미'로 남학생이 같은 반 여학생에게 외모 품평을 하거나, 성적 농담을 하거나, 모욕을 주는 경우를 나는 여러 번 보았다. 대부분의 상황은 발언을 들은 당사자나 주변 친구들의 '웃음'으로 아무렇지 않게 흘러갔다. 수업에 참관한 교사들조차 그런 상황에 문제의식이 없거나, 제대로 대응하지 못했다. 성희롱이 '농담'으로 여겨지는 집단에서 외부인인 강사가 정색하고 문제를 제기하면 받아들여지지 않을뿐더러, 이후 수업에 대한 보이콧으로 이어진다(쉬운 말로 '삐친다').

그런데 이것은 일부 남학생의 문제적인 행동으로 볼 것이 아니고, 그가 포함된 학교, 지역, 한국사회의 문제로 들여다봐야 한다. 성평등한 문화를 당연시하고 성폭력 가해자에게 온당한 책임을 묻는 공동체에서는 아무리 감수성이 부족한 사람이어도 함부로 행동하지 않는다. 공동체에서 자신이 배제되거나, 살아가는 데 불이익이 될까 봐 두려운 마음을 갖기 때문이다. 동료 시민으로서 여성을 존중하고 타인의 권리를 침해하지 않아야 한다는 교육이 제대로 행해지면, 함께 안전하게 살아갈 수 있다는 신뢰가 형성된다. 하지만 많은 성인들이 '남자애들이 다 그렇지 뭐'라는 식으로 잘못이나 폭력을 덮어주며 허용적인 태도를 보인다. '남성은 본능적으로 (여성보다) 성욕이 강하다', '남자애들은 짓궂고 장난을 잘 친다', '남성은 공감을 잘하지 못한다' 등 일종의 '남성성 신화'에 대한 터무니없는 믿음과 뿌리 깊은 편견이 다음 세대 남성들에게도 악영향을 주며, 책임을 회피하게 만든다. 우리는 남성 당사자들을 위해서도, 그리고 같은 세대 여성들을 위해서도 남성 청소년을 '더 나은 남자'가 되도록 가르치고 이끌 의무가 있다.

더 안전하고 평등한 수업을 만들기 위해 나는 대상을 막론하고 성과 관련한 모든 강의를 할 때면, 강의에 앞서 수업 참여 태도에 대한 약속문을 공유하고 이를 강조한다. 수업 중 누군가 툭 던진 한마디에 교육의 취지 자체가 '오염'된 경험이 여러 번 있기 때문이다. 안전하지 않은 상태에서 좋은 수업이 될 리 없다. 또 많은 청소년이 평소에 건강하고 생산적인 성적 대화를 나눠

본 적이 없는 경우가 대부분이라, 성교육 시간에 성에 대한 이야기를 솔직하게 할 수 있다고 여기면 '아무 말 대잔치'가 벌어지기도 해 진행자로서 긴장을 놓을 수 없다. 하지만 아무리 약속을 하고 주의를 줘도, 강사가 모든 것을 통제할 수는 없다. 교실에는 내가 오기 전 이미 구축된 질서와 문화가 존재하기 때문이다. 아무리 강사여도 여성인 나 역시 이들의 젠더권력에서 자유롭지 않다.

그럴 때 '더 나은 남자'가 되고자 하는 남학생들이 나에게 힘을 실어주거나, 수업의 취지에 동참하곤 했다. 어느 중학교의 성교육 시간 참여 활동에서 한 무리의 남학생들이 '장난으로' 칠판에 강간 장면을 묘사한 단어들을 쓴 적이 있다. 그 말을 쓴 학생들을 칠판 앞으로 불러 모두의 앞에서 직접 소리를 내서 말해보라고 했더니, 얼굴이 빨개져서 자리로 돌아갔다. 내가 학생들에게 이것을 어떻게 생각하는지 묻자, 다른 남학생들은 한목소리로 그 친구들을 비난했다. 다른 고등학교에서도 성폭력 피해자에 대한 수업 중 난데없이 남성 성기 이름을 외친 남학생이 있었는데(다분히 수업을 방해하려는 목적이었다), 나는 그 학생을 수업에서 배제시킨 후 다른 학생들에게 내 기분이 어떨 것 같은지 물었다. 처음에 친구가 말했을 땐 같이 웃던 남학생들이, 웃음기를 거두고 사뭇 진지하게 그것이 왜 잘못인지에 대해 이야기했다. 그리고 그 학생이 공개 사과를 하자 산산 조각이 난 것 같았던 수업의 분위기는 제자리를 되찾고 안정되었다.

나는 수업에서 강사가 잘못을 일일이 짚어주기보다, 남성들 안에서 이렇게 당연하고도 '다른' 목소리가 나와야 '남성 연대'에 균열이 생길 수 있다고 생각한다. 그러한 용기와 목소리가 모이려면 남성성의 규범에서 이탈해도 괜찮다는 메시지를 교실 안팎에서 끊임없이 전해주어야 한다. 정상성이 아니라 정의를 추구하는 것이 바탕이 되는 성교육, 타인을 모욕하고 조롱하는 것을 오락으로 삼는 것이 아니라 타인에게 좋은 영향을 주고 서로 사랑을 주고받는 것을 진정한 즐거움으로 경험할 수 있게 해주는 성교육이 이루어지면 좋겠다. 성 고정관념에서 탈피한, 다양성을 품은 페미니즘적 성교육이 그 길의 주춧돌이 될 것이다.

3

젠더교육의 질문들

"조심하라고만 배웠어요"

'예방'의 주체는 누구일까

대강당을 꽉 채운 전교생을 대상으로 한 집합 교육치고는 진행도, 호응도 괜찮은 날이라고 생각해 가벼운 마음으로 강의를 마쳤다. 그런데 밖으로 나가려다 앞에서 마무리 발언을 하는 선생님의 말을 듣고 심장이 '쿵' 하고 내려앉는 것 같았다.

"잘 들었죠, 여러분? 그러니까 모르는 사람이 말 걸면 대답을 한다, 안 한다?

"안 해요~!"

"그래요, 이제 알았으니까 조심해야겠죠?"

"네~!"

천진한 선생님의 질문에 순순한 학생들의 대답이 들려왔다. 나는 발길을 돌려 학생들과 선생님을 바라보았다. '내가 두 시간 동안 뭘 한 거지?' 나는 두 시간 동안 성매매 예방교육 강의를 했다. 평소 학교에서 성폭력에 비해 성매매 주제의 강의 의뢰는 별로 없는 편이라 반가운 마음으로 열심히 준비한 수업이었다. 하지만 내가 생각한 수업의 목적은 온데간데없이 사라지고 선생님의 한마디로 또다시 '조심해'만 남게 되었다. 성적 대상화와 성구매 행위의 문제를 강조한 반(反)성매매 교육의 서사가 한순간에 와르르 무너지고, 피해자에게 책임을 지우는 데 익숙한 '예방' 교육으로 탈바꿈된 것이다. 당황스럽고 화도 났다. '조심해'는 이 교육에서 가장 경계한 방향이자, 청소년들의 젠더의식에서 가장 지우고 싶은 메시지였기 때문이다.

선생님께 마이크를 다시 달라고 할까 잠시 고민하며 망연자실해 있던 사이 학생들은 우르르 일어나 밖으로 흩어져버렸다. 허탈한 마음으로 돌아서 나오는데 아쉬운 마음이 잦아들지 않았다. 지금도 그 순간을 떠올리면 찝찝함이 가시질 않는다. 그런데 그런 장면은 처음이 아니었다.

학교에서는 의무화된 다양한 예방교육을 주기적으로 실시한다. 흡연 예방교육, 자살 예방교육(최근에는 '생명존중 교육'이라 부르기도 한다), 게임중독 예방교육⋯⋯ 거기에 (젠더기반) 폭력예방교육이 한자리를 차지하고 있다. 그런데 왜 하필 '예방'일까? 처음 폭력예방교육 전문강사를 준비하던 때부터 내 머릿속에선 그 의문이 떠나지 않았다. '무엇을 방지하는 거지?' '어떻게 예방하라는 거지?' '예방의 주체가 누구지?'

가장 고민이 된 지점은 바로 이것이다. 강사로서 나의 교육 목표와 방향은 과연 '예방'에 있는가? 표준국어대사전에 의하면 "예방(豫防)"이란 "질병이나 재해 따위가 일어나기 전에 미리 대처하여 막는 일"을 말한다. 흡연, 자살, 게임중독, 젠더기반 폭력과 같은 사회문제를 질병이나 재해와 비교하기는 힘들어 보인다. 폭력예방교육 현장에서 돌림노래처럼 강조되는 '조심해'가 실제 질병이나 재해에 대한 안부 인사("감기 조심해", "태풍 온다니까 조심해")의 경우에는 그럴듯하게 어울린다. 반면 여기에 "성추행 조심해", "불법촬영 조심해"를 대입해보면 기괴하게 들린다. 하지만 안타깝게도 실제 많은 교육과 공익 캠페인에서 그러한 메시지를 강조해 퍼뜨리고 있다.

"안돼요, 싫어요, 하지 마세요"는 이제 낡은 방식의 성교육이라고들 하나, 교육부의 성교육 표준안이나 아동·청소년을 위한 성폭력 예방교육 자료를 살펴보면 그 내용은 여전히 조심, 거절, 저항의 주문을 반복 재생산하는 데 지나지 않는다.[*] 이런 교육을 아주 어릴 때부터 주입받은 아이들의 머릿속에는 결국 한 가지만 남을 것이다. 가해자가 아니라 피해자가 되지 말 것. 피해자에게 책임을 전가하는 교육은 폭력을 예방하는 것인가, 아니면 폭력 그 자체인가?

본질적으로 폭력 '예방'은 가해자의 몫이다. 가해하지 않으면 피해도 발생하지 않는다. 이 단순하고 분명한 책임을 왜 거꾸로 돌려 자꾸 피해자들에게 '조심'의 의무를 떠넘기는가? '가해 방지'야말로 성폭력 문제 해결에 가장 실질적인 효력을 발휘할 수 있는 방법이며 이 교육의 바탕이 되어야 한다. 그런데 이토록 가해의 책임을 외면하고 피해 '예방'을 강조하는 의도가 대체 무엇일까? 교육이 의무화된 지금까지도 젠더기반 폭력에 대해 가해자나 권력자의 언어만 존재하기 때문인 건 아닐까?

어쩌면 '젠더'라는 말이 생략된 '폭력예방교육'이

~~~~~~~~~~~~~~~~~~~~~~~~~~~~~~~~~~~~~~~

* "교사들이 지난해 교육부로부터 받은 '고등학교 성교육 표준안 수정자료'에는 남성성을 '강하고 모험적이고 경쟁적', 여성성을 '민감하고 말 많고 다정한' 등으로 이분화하는가 하면, '이성과 단둘이 있을 때 성적 충동이 일면 사람이 많은 곳으로 나가라' '건전한 이성교제를 위해선 공개적인 장소에서 만나라' 식의 해법을 제시하고 있다. 성폭력 예방의 초점이 '피해자의 확실한 거절'에만 맞춰져 있는 점도 문제다. '성적 강요 행동 피해자가 되지 않으려면 싫은 느낌이 들 때 확실히 싫다고 말한다'(초등), '단호한 자세와 거절 연습은 반복적으로 한다'(고등) 등이다." 신지후, 〈성차별 부추기고 시간 때우기… '빗나간 성교육'〉, 《한국일보》, 2018년 3월 13일, https://www.hankookilbo.com/News/Read/201803130499331970.

라는 공식 용어 자체가 교육의 모호한 방향을 보여주는 지도 모른다. 성희롱, 성폭력, 성매매, 가정폭력 문제를 다루는 데서 '젠더'를 생략할 수는 없다. 젠더와 권력의 연결고리, 그것이 어떻게 폭력과 관계 맺는지를 유기적이고 통합적으로 바라보아야 이 교육에서 진정한 의미를 거둘 수 있기 때문이다. 투명한 빈칸으로 처리된 '젠더'를 되찾으려면 성차별 문제에 대해 누구나 자유롭게 말하고 토론할 수 있어야 한다. 폭력의 근간에 차별이 있다. 차별을 보는 눈을 키우는 것이 결국 이 교육의 핵심 목표와 맞닿아 있다.

하지만 청소년 대상 성교육이나 성폭력 예방교육에 가면 여학생들은 '성폭력당하지 않는 방법'을 가장 많이 묻는다. 질문자들이 가진 공포와 불안, 절박함에 공감하면서도 막상 이 질문이 반복될 때마다 손발에서 힘이 빠져나가는 느낌이 든다. 누가 어떻게 적절한 답을 해줄 수 있을까. 그 답에 따라 살아가면 정말 성폭력을 피할 수 있을까.

이들의 일상이 두려움으로'만' 물들지 않으려면, 성폭력 문제 해결에 필요한 상상력과 새로운 질문을 만드는 교육이 이뤄져야 한다. 오로지 '예방'에 무게 중심과 초점을 맞춘 교육에서는 교육 대상을 수동적이고 방어적으로 만든다는 점에서 아쉬움이 있다. 청소년, 특히 여학생들이 성폭력의 피해자가 될까 봐 공포에 질리는 것을 넘어, 권리를 가진 시민으로서 성폭력 문제에 함께 분노할 수 있는 주체적 힘을 길러야 한다. 거절 의사 표현을 잘하라고 가르치기 전에 우리는 평등한 관계의 위치에 서는 게 당연한 존재임을, 성폭력을 트라우마로 강조하기 전에 성폭력 이후에도 우리의 삶은 회복되며 계속 이어질 수 있음을 먼저 말해야 하는 것이다. 그러기 위해서는 이들을 보호의 대상으로 위치 짓는 것을 넘어, 이들이 스스로 힘을 키워 서로 연대할 수 있는 기회도 마련해주어야 한다.

그러나 현실에서 아이들, 특히 여아에게는 늘 '조신하라'와 '조심하라'는 훈육이 동시에 일상적으로 이뤄진다. 보호자를 비롯한 어른들의 염려하는 마음과는 정반대로, 조심하라는 주문은 피해자가 아니라 가해자를 보호하는 명령으로써 힘을 발휘한다. 실제로 많은 성폭력 피해자가 순진하게 가해자를 믿은, 좀 더 정숙하게 행동하지 않은, 위험을 인지하지 못한, 그러니까 결국 '피해자다움'에서 벗어난 자신을 탓하느라 더욱 고통스러워한다.

다시 한번 강조하지만 폭력은 약자가 조심해서 방지되거나 해결되는 일이 아니다. 가해자를 향한 주문과 명령의 언어를 찾는 데서 진짜 '예방' 교육이 가능해진다.

아이 성교육에
'응급 매뉴얼' 기대하지 마세요
양육자를 위한 젠더교육

어릴 때 부모님과 함께 텔레비전 드라마를 보다가 주인공들의 키스 장면이 나온 적이 있다. 주인공들이 서로에게 애정 표현을 할 때부터 내 안에서 간질간질하고 살랑거리는 느낌이 들었는데, 키스를 하자 부모님을 의식하던 내 몸이 뻣뻣하게 굳는 듯했다. 나도 모르게 얼굴이 빨개질 것 같은 느낌이 들면서, 그런 내 모습을 옆에 있는 부모님에게 들킬까 봐 눈치가 보였다.

하지만 그 장면을 불편해하는 건 부모님도 마찬가지였다. 드라마 화면에 한창 몰입하던 엄마는 내가 간질간질함을 느낀 순간부터 시선을 딴 데로 돌렸고, 아빠는 괜스레 헛기침을 하더니 결국 참지 못하고 내게 말했다. "채널 딴 데로 돌려라!" 다음 장면이 궁금했지만, 그 숨 막히는 어색함을 깨기 위해 나는 얼른 뉴스가 나오는 데로 채널을 돌렸다.

왠지 가족끼리는 '그런' 장면을 같이 보거나 '그런' 이야기를 같이 나누면 안 된다고 느끼며 자란 것 같다. 부모님이 내게 그렇게 가르쳤거나 우리 가족 안에서 그런 규칙을 정한 적도 없는데 그것은 암묵적인 규범이었다. 그래서 드라마를 보다 나도 모르게 간질간질하고 살랑거리는 느낌이 든 이유가 무엇인지 부모님에게 물어볼 수 없었다. 아니, 내가 그런 걸 '느꼈다'는 사실을 부모님이 아실까 봐 두려운 마음이 더 컸다. 그런 순간들에 느낀 민망함과 부끄러움은 성에 대한 나의 인식과 태도를 아주 오랫동안 지배했다.

시대가 변해서일까. 최근에 아이들 성교육을 어떻게 해야 할지 고민이라는 양육자들을 많이 만난다. 특히 스쿨미투 운동이 일어나고 'n번방' 사건과 같은 아동·청소년 성폭력과 성착취 문제가 사회적 '위기' 상태임이 알려지면서, 가정과 학교 모두에서 성교육에 대한 관심이 높아지고 있다. 학교에서의 성교육은 의무화되었고, 가정은 더 이상 '성'을 회피하는 곳이 아니라 가장 기본적인 성교육의 장으로 인식되고 있는 추세다. 온/오프라인 전반에서 성교육 관련 자료가 쏟아지고 있고, 교육열이 높은 집단에서는 아이들에게 성교육을 과외 수업처럼 시키기도 한다.

성교육을 적극적으로 고민하고 실천하려는 양육자들은 본인이 성교육 강의를 신청해 듣기도 한다. 그런데 나는 아이들보다 양육자 정체성을 가진 성인 대상 교육이 더 어렵고 까다롭게 느껴진다. 양육자 수강생 대부분이 바라는 성교육의 방향은 결국 이 하나로 귀결되기 때문이다. "우리 애가 이렇게 물을 땐 어떻게 답해야 하나요?"

실제로 많은 성교육 관련 도서나 콘텐츠는 이 물음을 토대로, 공통 주제 여럿을 정한 뒤 거기에 답하는 방식으로 구성되어 있다.

> "아기가 어떻게 생기냐고 물을 땐 뭐라고 답해야 되나요?"
> "섹스에 대해 어디까지 설명해야 되죠?"
> "우리 딸이 자위를 하는 것 같아요. 어떻게 하죠?"
> "아들이 몰래 음란물을 보면 뭐라고 해야 하죠?"

양육자 대상 성교육 강의 현장에서도 유사한 질문이 많이 나온다. 몇 살에 무엇을 어떻게 가르쳐야 하는지, 어떤 용어를 써야 맞는지, 성적인 정보에 대해 어디부터 어디까지 공개/비공개를 결정해야 하는지, 아이가 자신의 몸이나 타인의 성에 보이는 관심에 대해 어떻게 반응해야 하는지……

이 모든 개별 질문에 가장 완벽한 '정답'을 얻고자 성교육에 참여하는 양육자들은 '전문가'의 일방적인 설명과 명확한 지시를 기대한다. 안타깝게도 나는 양육자 대상 성교육을 하며 그 기대를 채우지 못해 불만을 듣기도 했다. "저희는 답을 들으려고 왔는데 선생님은 왜 자꾸 저희한테 질문을 하세요?"

누군가 '1+1'이나 '2+3'이 뭐냐고 물었을 때 제대로 답을 가르쳐주려면 질문을 받은 사람이 산수의 원리를 이해하고 있어야 한다. 각 수식이나 공식에 따른 답만 외우고 산수 공부는 하지 않겠다는 말은 어불성설이다. 성이 '무엇'인지 스스로 질문해보지 않은 채 타인을 대상으로 한 '교육'이 가능한가?

많은 양육자가 아이의 성과 관련해 맞닥뜨리는 질문과 상황들에 난감함을 느낀다고 한다. 급한 불을 끄듯 난감한 순간을 모면하기 위해서가 아니라 진짜 성'교육'을 하고 싶다면, '정답'을 던져주기 전에 본인이 느끼는 '난감함'의 정체가 무엇인지부터 살펴봐야 할 것이다.

자식이 성에 대해 궁금해하거나 성적 표현을 했을 때 양육자가 느끼는 다양한 감정은 그 양육자가 성에 대해 가지는 가치관, 관점, 경험, 태도 등 많은 것을 함축하고 보여주는 바로미터다. 그 감정을 직면하고 넘어설 때 양육자로서 자신도 성장할 수 있다.

게다가 성교육은 '1+1'이나 '2+3'에서 끝나지 않을 뿐더러 산수처럼 어떤 오차도 없이 똑 떨어지는 정답만 존재하는 영역이 아니다. 성교육은 생물학적 지식을 비롯해 인권과 젠더, 철학과 윤리까지 아우르며 몸과 세계를 연결해 바라보아야 하는 인식 체계를 담고 있다. 따라서 '성교육 매뉴얼'은 '부모 시험'을 통과하는 '만능 족보'가 될 수 없다. 양육자가 스스로 사유하지 않은 채 매뉴얼에만 의존해 성교육을 시도한다면, 아이가 새로운 질문을 던질 때마다 난감함은 반복될 것이다.

드라마에서 키스 장면이 나왔을 때 시선을 돌리고 채널을 바꾸라고 했던 나의 부모님 역시 다른 많은 양육자들처럼 '난감함'을 느꼈던 것 같다. 난감함의 정체는 사실 양육자가 가진 두려움의 다른 표현이며, 아이 또는 자식이라는 대상을 어떻게 바라보느냐와 긴밀히 연관된다.

《페미니스트 엄마와 초딩 아들의 성적 대화》의 저자는 "성에 대해 질문하는 것은 위계 설정 자체에 대한 질문이어야 한다"라고 이야기한다. 그리고 "어른과 아이를 구분하는 위계적인 틀에 질문을 던지"기 위해 "엄마이자 어른인 내가 아들, 자식, 아이, 청소년이라는 존재를 대하는 시선과 태도를 성찰하는 게 필요하다고 여겼다"라고 했다.*

안타깝게도 아직도 많은 부모가 나의 아이가 나와

똑같이 '성적 욕구와 권리를 가진 존재', 그러니까 성적 자기결정권을 가진 동등한 시민임을 상상하거나 인정하기 어려워한다. 우리 사회는 아동·청소년의 성에 대해 보호와 통제의 영역 바깥을 허용하지 않기 때문에 자식이 성적 욕구를 가질까 봐, 성적 행동을 실천할까 봐 두려워하는 부모를 자주 본다.

잊지 말아야 할 사실은 그 난감함, 당황스러움, 두려움 등 성과 관련된 부정적 감정과 태도 모두가 아이에게서 온 게 아니라 양육자 자신의 것이라는 점이다. 그 감정을 아이에게 투사해 바라보기에, 자신의 불안감을 해소하려 '정답'을 찾아 헤매는지도 모른다.

일부 수강생들의 불만에도 내가 양육자들에게 자꾸 질문을 던지는 이유는, 스스로에게 말을 걸어야 성에 대한 자신의 부정적 감정과 태도의 역사를 이해하고 정리할 수 있기 때문이다. 사실 양육자들도 성교육을 제대로 받아보지 못한 채 성인이 된 경우가 대부분이다. 그러니 성적 존재로서 자신을 바라보게 하는 질문들을 마주했을 때 처음엔 낯설고 불편하게 느껴질 수밖에 없을 것이다. 그러니까 성에 대한 나의 경험과 감정, 그리고 그것이 나라는 사람의 정체성에 미친 영향은 무

*   김서화, 《페미니스트 엄마와 초딩 아들의 성적 대화》, 미디어일다, 2018, 18~19쪽.

엇인지, 성적 주체로서 나의 욕구는 무엇이고 그것을 표현하는 방법은 무엇인지, 성적 관계 속에서 나의 위치와 고민은 무엇인지와 같은 질문들 말이다.

자녀를 '위해' 성교육을 신청했던 양육자 중 어떤 이들은 수업에서 던져진 질문을 통해 자신에 대해 더 관심을 갖고 새롭게 알아가며 성에 대한 막연한 두려움을 떨칠 수 있었다는 소감을 전해주기도 했다. 양육자 자신이 성에 대해 편안함을 느끼고 자유롭게 받아들일 수 있어야, 자녀와의 진솔한 대화를 바탕으로 한 성교육이 가능하다. 성적 존재로서의 자신과 대화할 수 있다면, 어떤 '난감한' 질문에도 우리는 솔직하고 편안하게 말할 수 있을 것이다.

그건 놀림이 아니라 혐오야

교실에서 가장 흔한 폭력,
'외모 품평'에 반대하는 교육

젠더교육 활동을 시작한 지 얼마 되지 않았을 때다. 지역에 있는 작은 중학교의 선생님으로부터 1학년 남학생들만 따로 교육을 진행해달라는 요청을 받았다. 학교에서 공식적으로 계획되었던 수업이 아니라, 특정 학생들만 모아 급히 마련한 것이었다. 갑자기 학교의 일부 학생들만 대상으로 수업을 열게 된 경위를 듣고 나자 어떻게 교육을 해야 할지 나는 깊은 고민에 빠졌다.

시골의 읍면 단위 학교는 학생 수가 많지 않아 한 학년에 한 학급뿐인 곳이 많다. 이 학교도 마찬가지였는데, 학생 대부분이 어린이집에서부터 중학교까지 10년 가까이 동고동락하며 함께 지냈다. 언뜻 들으면 오랜 시간 가까이 지내 관계가 무척 도타울 것 같지만, 갈

등이 생기거나 관계가 나빠지면 그 작은 공동체에서 분리될 수 없기에 하루하루 등교하는 것 자체가 큰 괴로움일 수밖에 없다. 특히 아이들 사이에 어릴 때부터 형성된 권력관계는 나이를 먹고 상급 학교로 올라가도 여간해선 바뀌지 않기 때문에 상대적으로 약한 아이에 대한 괴롭힘이 반복, 축적되는 일도 왕왕 생긴다.

학교에서 긴급히 의뢰한 교육도 이런 문제와 연결되어 있었다. 한 동네에서 유아기부터 같이 자란 아이들이 초등학교 고학년이 되고 난 후, 남학생들이 여학생들 외모를 지적하거나 비난하고 놀리는 일이 생기기 시작했다. 그 아이들이 그대로 같은 중학교에 입학한 후에는 그 '놀림'의 수위가 한층 심각해져 일상적으로 여학생들의 외모 하나하나가 비교되고 평가되었는데, 급기야 그중 한 여학생이 상담 교사에게 "외모 때문에 죽고 싶고 학교도 나오기 싫다"라고 토로하게 된다. 같은 반 남학생이 "너는 그 얼굴로 왜 사냐? 내가 네 얼굴이면 자살하겠다"라고 한 말에 큰 충격과 상처를 받았기 때문이다.

상처를 받은 건 이 여학생뿐 아니라 나머지 1학년 여학생들 모두 마찬가지였다. 다른 여학생들도 남학생들 때문에 학교에 나오고 싶지 않다는 반응을 보이사 학교에서는 이 문제를 심각하게 보았고, 하나의 '긴급 처방전'으로 남학생 대상 젠더교육을 의뢰하게 된 것이다. 나에게 주어진 시간은 45분씩 2교시로 총 1시간 30분, 딱 한 번이었다. 최근 몇 년간 여학생들에게 차별과 혐오적인 발언을 하고도 그것을 '장난'이라 여겼을 남학생들에게 1시간 30분을 교육한다고 갑자기 그들이 '개심(改心)'할 수 있을지 전혀 자신이 없었다. 처음 만난 이들에게 무엇을 어떻게 말해야 조금이나마 '개선(改善)'이라도 할 수 있을지 막막하고 부담감도 컸다. 그렇다고 교육을 포기할 수는 없었다. 아이들이 더 나아지고 성장할 기회를 많이 가질수록 교육의 효과도 거둘 수 있으니까.

수업에는 남학생 네 명과 담임 교사가 함께했다. 작은 집단이라 교육하기에는 오히려 용이한 면이 있었고, 우리는 수업 내내 묻고 답하고 서로의 생각을 나누기를 반복했다. 나는 먼저 학생들이 가진 성고정관념에 대해 알아보고자 했다. 평소 성별에 대해 가지고 있는 인식을 문장으로 받아보니 모두 뻔한 답을 비슷하게 써놓았는데 그것이 13~14세 남성들의 생각인 것을 눈으로 확인하니 새삼 망연자실하면서 씁쓸하기도 했다.

"남자는 멋있다 / 여자는 섹시하다"
"남자는 힘이 세야 한다 / 여자는 순수해야 한다"

남자와 여자가 '왜' 그렇게 다른지, '왜' 그래야 하는지 학생들도 이유를 명확히 말하지 못했다. 우리는 구글에 '여성'과 '남성'을 키워드로 검색해 나온 대표적 이미지들과 광고 속 모습을 비교해 살펴보았다. 과연 학생들의 답과 비슷한 모습의 여성과 남성이 모니터 가득 쏟아져 나왔다. 인상적인 특징들을 찾아보라고 하자, 다음과 같은 말들이 나왔다.

> "여성은 노출이 심한 사진이 많아요."
> "여성은 대부분 밝고, 웃고 있어요."
> "남성은 사진이 몸 전체보다 증명사진처럼
> 얼굴에 집중되어 있어요."
> "남성은 진지하고, 양복을 입은 사진이 많아요."

여기에 내가 다시 질문을 던졌다.

"온라인이나 미디어에서 우리가 많이 보는 각 성별의 모습이 여러분이 쓴 내용하고 거의 비슷하죠? 그럼 이건 여러분이 태어날 때부터 가진 생각일까요, 아니면 우리가 살면서 익숙하게 본 것들이 학습된 결과일까요? 그리고 남자와 여자는 실제로 이렇게 완전히 반대일까요? 성고정관념을 '정상'이라고 그대로 받아들이게 되면 우리에게 어떤 영향을 끼치게 될까요?"

이어서 우리는 '몸'에 대한 각자의 인식과 경험을 알아보기로 했다. 나는 학생들에게 살면서 지금까지 자신의 몸에 관해 들었던 말이나 몸에 대한 긍정적/부정적 생각을 이야기해보라고 했다. 놀랍게도 남학생들은 살면서 몸에 대해 지적이나 비난을 받은 기억이 거의 없다고 했다. 자신의 몸에서 아쉬운 점도 "키가 작다" 외에는 나오지 않았는데, 그것을 쓴 남학생조차 어차피 고등학생 되면 많이 큰다더라며 크게 걱정하지는 않는 것 같았다.

학생들에게 몸에 대해 나눌 '서사' 자체가 없다는 사실이 나는 좀 당황스러웠다. 이 수업의 목적은 자신의 몸에 대한 경험을 둘러싼 '이야기'를 통해 수업 주제인 '외모주의'를 비판적으로 바라보고, 그것을 젠더 관점에서 분석해보는 것이었다. 그런데 남학생들에게 이렇게 공통적으로 '몸의 이야기'가 비어 있을 줄은 미처 예상하지 못했다. 같은 수업을 했을 때 여학생들은 머리끝부터 발끝까지 세세한 부위마다 (대부분 부정적인) 어떤 말들을 떠올렸고, 자신의 몸에 대한 만족도도 낮은 편이었다. 나는 남학생들에게, 또래 여학생들이 쓴 내용을 자료로 보여주었다. 몸 전체에 비난과 평가가 담긴 말들이 가득한 이미지였다. 나는 여학생들이 왜 이런 생각을 갖게 되었을 것 같냐고 물었다. 조용하던 남학생들 사이에서 한 명이 진지하게 말했다.

"자존감이 낮아서요."

다른 남학생이 시큰둥하게 한마디를 더 보탰다.

"부모님이 주신 몸인데 소중하게 생각해야지."

순간 말문이 막히고 가슴이 답답해졌다. 약자가 스스로를 혐오하게 된 연유조차도 그 당사자의 탓으로 보고 거기에 또 다른 비난이 더해지는 것에 힘이 다 풀리는 느낌이었다.

"만약 자존감이 낮아서 자신의 몸을 혐오하게 되었다면, 이 여학생들은 모두 태어날 때부터 자존감이 낮았을까요?"

"……아뇨."

"그럼 왜 자존감이 낮아졌을까요?"

긴 침묵이 흘렀다. 무거운 공기를 뚫고 한 남학생이 차분하게 말했다.

"몸에 대해 안 좋은 말을 많이 들었을 것 같아요."

'아, 다행이다.' 질문을 던지고 기다려주니 학생들은 스스로 생각하고 전과 다른, 새로운 답을 찾아냈다.

"그럼 우리가 다른 사람의 몸에 대해 안 좋은 말을 많이 하면 어떻게 될까요?"

"상처받을 것 같아요."

"그렇죠. 그건 몸뿐 아니라 다른 부분에 대해서도 마찬가지예요. 누군가 여러분을 자꾸 비난하고 평가한다면 여러분두 ㄱ 말에 영향을 받고 흔들리고 상처빋을 거예요. 그리고 자신을 자꾸 의심하게 되죠. 타인이 나를 어떻게 볼지 계속 신경 쓰게 되고요."

학생들이 이 내용을 '자신'의 문제와 바로 연결해 깨달았는지는 모르겠다. 나는 이 수업을 하는 동안 학생들에게 "너희가 잘못했다", "너희가 고쳐야 한다"라고 직접적으로 말하지 않았다. 다만 이 시간이 나와 위치가 다른 타인의 입장에서 생각해보는 연습을 통해 자신이 몰랐던 부분을 발견하고, 다 같이 더 나은 선택과 실천을 약속할 수 있는 기회가 되기를 바랐다. 불편하고 끈질긴 문답을 통과한 끝에 학생들은 "외모를 평가하거나 조롱하는 일은 상처가 된다"라는 문장을 스스로 길어 올렸고, "앞으로 타인의 외모를 평가하지 않겠다"라는 약속을 남겼다.

사실 외모 품평은 이 남학생 몇 명의 문제가 아니다. 우리 사회는 타인의 외모에 대해 언급하는 것 자체에 너무나 관대하고, 친밀함의 표현이나 안부 인사로 외모를 콕 짚어 말하는 것이 자연스러울 정도다. 외모에 대해 말하는 것을 왜 조심해야 하는가? "예쁘다는 말, 해도 되나요?"는 젠더교육 현장에서 가장 자주 나오는 질문 중 하나다. "이젠 (외모) 칭찬을 해도 성희롱이라니, 무서워서 아무 말도 못 하겠다"는 불만도 터져 나온다. '예쁘다'는 말 자체에는 죄가 없다. 모든 성적 언동이 성폭력은 아니다. 우리가 폭력을 규정할 때에는 상황과 맥락, 권력관계 등을 면밀히 따진다. 친한 친구나 애인이 "오늘 너무 예쁘다~"라고 하면 듣는 사람도 기분 좋을 수 있지만, 직장에서 남자 상사가 부하 여직원의 몸을 훑어보며 "○○씨, 오늘 데이트 있어? 예쁘게 하고 왔네~" 하면 불쾌하고 찝찝한 느낌이 들 수 있는 것이다.

그런데 내가 수업을 진행한 학교에서 벌어졌던 일은 동갑내기 친구들 사이에서의 일이었다. 어릴 때부터 친구였던 이들 사이에서 어떻게 일방적이고 집단화된 방식으로 폭력이 이뤄졌을까. 몇 년 전부터 전국의 각 대학과 교대에서도 남학생 단톡방에서 여자 동기들의 외모를 품평하고 순위를 매긴 일이 연일 뉴스에 나왔다.* 남학생들이 성고정관념에 관한 수업 시간에 떠올린 여성의 모습은 '섹시하거나 순수하거나' 둘 중 하나였다. 여성혐오적 인식의 대표적 프레임인 '성녀 대 창녀'의 도식을 그대로 보여주는 것이다. 여성을 외모로 평가하고 서열화하는 여성혐오 문화, 여성의 몸을 남성이 감상할 수 있는 젠더권력이 성폭력과 성차별을 존속시킨다. 이러한 사회문화적 환경에서 자란 학생들에게 윗세대보다 나은 성평등 의식을 갖기를 기대하는 건 무

* 김소연, 〈선생님될 학생들이… 청주교대 남학생, 성희롱 단톡방 적발〉, 《한국경제》, 2019년 11월 9일; 이한직, 〈예비 교사들이 또… 경인교대서도 '단톡방 성희롱·비하'〉, 《한국일보》, 2019년 3월 21일; 박재홍, 〈여학생 리스트 만들어 '성희롱'… 현직 교사·임용대기자 14명 징계〉, 《서울신문》, 2019년 9월 26일.

리한 요구다.

수업이 끝나고 얼마 후 처음에 강의를 요청했던 선생님에게 연락이 왔다. 수업에 참여한 남학생들이 여학생들의 외모 품평을 하지 않는 분위기가 자리 잡히고 있다는 반가운 소식이었다. 수업을 마치기 전 나는 학생들에게 다양한 몸을 가진 사람들의 모습을 보여주었다. 사회에서 장애로 명명되는 몸을 가진 사람, 몸집이 크고 뚱뚱한 사람, 얼룩덜룩한 피부색을 가진 사람 등 우리 사회에서 흔히 '비정상'이거나 '열등하다'고 불리는 모습의 사람들이 자기만의 재능을 빛내며 자신감 있게 살아가는 이야기를 들려주었다. 그리고 "차별하지 않으면 더 많이 사랑하게 된다"라고 말했다. 고유한 존재로서 누구나 있는 그대로 사랑하고 사랑받는 것이 당연한 세상, 그것을 가르치는 교육이 널리 퍼져가길 빈다.

'안전 이별' 말고 '평등 연애'

10대 여성과 나눈
연애, 사랑과 폭력의 경계에 대한 질문

몇 년 전 '연애하는 10대 여성'을 주제로 당사자들과 인터뷰한 적이 있다. 한 10대 후반의 여성 인터뷰이를 만나 연애 경험에 관한 이야기를 들었는데, 그는 현재 인터뷰 커뮤니티를 통한 온라인 연애만 한다고 했다. 세대 차이인지 아니면 10대의 새로운 문화인지 신기하기도 하고 의아하기도 했던 나는 인터뷰이에게 물었다.

"연애하면 직접 만나보고 싶지 않나요? 데이트도 하고, 같이 맛있는 것도 먹고……"
"실제 남자들한테는 별로 관심 없어요. 연애 감정도 안 들고, 지금은 결혼 생각도 없어요. 만약에 결혼한다 해도 아이는 안 낳을 거예요.

얼마 전에 〈그것이 알고 싶다〉에 소라넷에서 강간 모의하는 남자들 나왔잖아요. 염산 테러하고 그런 거 보면 환상이 다 깨져요. 우리끼리 모니터 안에 있는 남자들이 제일 낫지 않느냐고들 이야기하곤 해요. 우리나라는 성폭력 범죄를 저질러도 형량이 너무 낮고, 암튼 실제 남자랑 연애할진 잘 모르겠어요."*

그는 인터뷰 끄트머리에 "안전 이별하고 싶다"라는 말을 덧붙였다. 그 말을 듣는 순간 심장이 '쿵' 내려앉는 느낌이었다. 그가 이런 두려움을 갖게 된 이유가 비단 언론에 조명된 잔혹한 몇몇 교제폭력 사건들 때문만은 아닐 것이다. '안전 이별'은 저 인터뷰를 했던 2016~2017년 무렵 만들어져 한창 유통되는 말이기도 했다. 고백을 받아주지 않거나 이별을 고한 여성을 폭행하거나 살해한 남성 파트너에 관한 사건들이 끊임없이 터져 나오며 SNS나 인터넷 게시판에는 "안전 이별하세요~"라는 당부와 기원의 댓글이 번져갔다. 하지만 안타깝게도 안전 이별은 (잠재적) 피해자의 힘으로 이룰 수 있는 일이 아니라 순전히 '운'에 맡겨져 있고, 또 우

---

* 달리, 〈10대 여성들의 삼인삼색 연애담: 우리는, 연애 중!〉, 《지글스》 9호, 2016.

리는 모니터 안에서만 존재하거나 관계할 수도 없다. '안전 이별' 이전에 '안전한 사랑'을 만들어야 한다. 그리고 안전한 사랑은 평등한 관계라는 신뢰 속에서 이뤄질 수 있다.

적어도 내가 만나본 10대에게, 사랑과 연애란 현재의 삶에서 가장 관심 있거나 많은 비중을 차지하는 '이슈'였다. 지역의 중·고등학교에서 청소년들을 대상으로 한창 타로 카드 상담을 했을 때 질문의 98퍼센트쯤은 모두 연애와 관련된 질문이었다. 연애 중인 사람은 앞으로의 관계를 묻고, 연애를 안 하는 사람은 언제 연애를 할 수 있는지, 누가 나를 좋아하는지, 내가 좋아하는 사람은 나를 어떻게 생각하는지 집요하게 물었다. 일상을 어른들에게 통제받고 입시, 성적 압박 속에서 살아가는 청소년 대다수에게 낭만적 로맨스에 대한 기대와 상상은 어쩌면 그나마 숨통이 트이는 영역일지도 모른다는 생각이 들었다. 하지만 현실의 연애는 성별에 따라 다른 욕망과 그림으로 펼쳐지곤 한다.

청소년 대상 성평등 교육이나 성폭력 예방교육 강의에서 '교제폭력'은 자주 다뤄지는 주제 중 하나다. 몇 년 전 어느 여자 고등학교의 성폭력 예방교육 시간에 드라마 속 교제폭력 관련 영상을 사례로 보여주었다. 남자 주인공이 여자 주인공을 벽으로 밀치고 강제로 키스하려는 장면이었다.

"아~ 나도 저렇게 당해보고 싶다!"

영상을 보던 여학생들 사이에서 간절하게 터져 나온 말이었다. 그 말을 들은 주변의 학생들이 함께 깔깔거리고 웃었다. 그 장면을 '폭력'으로 설명할 준비를 하고 있던 나는 순간 당황스러웠다. 잠시 심호흡을 하고, 학생들에게 이 장면을 보고 어떤 느낌이나 생각이 드는지 물어보았더니 몇 명이 이렇게 답했다.

"남자가 박력 있어 보여요."
"여자가 남자를 싫어하는 것 같지는 않아요."

그날 수업의 제목은 '사랑과 폭력의 경계에서, 성평등한 관계 그리기'였다. 나는 학생들에게 제목을 다시 한번 상기시켜준 후 새로운 질문을 던졌다.

"사랑이 뭘까요?"

영상을 보고 들썩들썩하던 교실이 순식간에 고요해졌다.

"여러분은 누군가를 좋아하거나, 친해지고 싶다면 어떻게 하나요? 잘해주려고 하고, 그 사람한테 잘 보이려고 애쓰겠죠? 상대가 좋아하는 걸 해주고, 그 사람이 나로 인해 행복해하면 그게 나의 행복이 되는 것. 제가 아는 사랑은 그런 것이에요. 상대에게 나의 감정을 일방적으로 강요하는 것이 아니라."

그리고 이어서 말했다. "물론 사람마다 사랑을 표현하는 방식은 다를 거예요. 어떤 영화나 드라마에서는 상대방이 싫다고 하거나 무서워해도 거칠고 일방적으로 구는 모습을 낭만적인 사랑처럼 보여주기도 합니다. 그렇게 강요하거나 강요당하는 사람의 성별이 대부분 정해져 있고요. 왜 그럴까요? 우리가 앞에서 배운 성고정관념, 그러니까 '남자는 강하고 여자는 약하다' 같은 편견이 미친 영향이 아닐까요? 성고정관념에 따르는 연애를 서로를 존중하는 평등한 관계로 볼 수 있을지, 그리고 내가 원하는 연애는 어떤 모습일지, 어떻게 사랑을 표현하는 게 좋은지에 대해 생각해보면 좋겠습니다."

학교에서 만난 청소년들에게 연애 문화와 관련해 물어보면 여전히 고백은 남성이 하는 경우가 많다고들 답했다. 또 여성에게는 고백을 많이 받는 것 자체가 친구들 사이에서 인정받는 자원이 되기도 했다. 관계의 시작에서부터 주도권이 남성에게 주어지는 것이 자연스럽게 여겨지고, (남성에게) 사랑받는 여성이 같은 성별 내에서 더 우월한 위치를 점하게 되는 것이다. 그러나 이성에게 인기가 많은 여성이라고 해서 무조건 좋은 평가를 받는 것은 아니다. 친구들에 비해 연애 경험이 많거나 남자친구가 자주 바뀌는 여성 청소년은 오히려 평판이 나빠지고 동성 친구들 사이에서 고립되기 쉽웠다. 주위에서 "(남자를) 밝힌다"라고 수군거리거나 성적으로 문란하다고 소문이 나 '은따(은근한 따돌림)'를 당하는 경우도 보았다. 자신의 섹슈얼리티를 감추지 않고 표현하거나 실천하는 여성은 폭력과 혐오의 대상이 되기 쉽다는 사실을 청소년기에서부터 학습하고 있는 것과 다름없다. 이렇게 여성의 섹슈얼리티를 통제하는 문화는 10대 여성 역시 '성녀 대 창녀' 프레임에 가두고, 그와 동시에 '성녀'와 '창녀'를 서열화시킴으로써 결국 10대 여성에게서 자기결정권을 빼앗는 결과를 가져온다.

청소년들과 타로 카드로 연애 상담을 하다가 가끔 성에 대한 고민을 듣기도 한다. 여성 청소년들에게 남자친구와의 성관계는 큰 고민 중 하나였다.

"남자친구가 성관계를 하자는데 저는 아직 준비가 안 된 것 같아서 두렵거든요. 그런데 계속 거절만 하니까 남자친구가 서운해하는 것 같고, 저를 떠날까 봐 걱정돼요."

처음 이런 고민을 들었을 때 머릿속이 하얘지는 느낌이었다. 왜냐하면 성인 대상 상담이나 교육을 할 때 중년의 기혼 여성들에게서도 많이 들어본 내용이기 때문이다. 심지어 어떤 기혼 여성들은 남편이 성구매를 하거나 바람을 피울까 봐 성관계를 '해준다'라고도 했다. 세대와 시대를 막론하고 여성들이 같은 고민에 빠져 있다는 사실이 암담하면서 무겁게 다가왔다. 무엇보다 파트너의 배려 없음이나 강요에 분노하기에 앞서 여성들 스스로가 자책하고 자신이 관계를 깨뜨릴까 봐 불안해한다는 사실이 더욱 우려스럽고 슬프기도 했다.

성교육을 할 때 감정 카드를 도구로 사용할 때가 있는데, 여성들에게 '성'에 관한 자신의 주요 감정을 카드에서 찾아보라고 하면 연령을 막론하고 많은 이들이 부정적인 감정을 고르는 편이다. 주로 '두려움', '불안' 같은 감정이다. '성'이 주는 기쁨, 만족, 행복보다는 성폭력이나 계획되지 않은 임신 같은 것들이 반사적으로 먼저 떠오르기 때문이라고 한다. 여성이 자신의 성에 주도권과 결정권을 갖고 그것을 자유롭고 안전하게 향유할 수 있는 조건에서 살지 못하기에, 아무리 나이를 먹고 경험이 쌓여도 '성'은 여성에게 긍정적으로 스며들지 않는다.

문제는 여성이 성을 긍정하기 힘든 현실보다 여성이 자신의 성을 '부정'하는 데 있다. 성은 인간의 몸뿐 아니라 사회적 존재로서의 나, 자신의 정체성, 정치적 권리 등 많은 것을 포괄하며 그것들과 긴밀히 연결되어 있다. 그러므로 자신의 성을 부정하는 것은 나라는 사람을 스스로 소외시키는 것이고 이는 여성의 '자기혐오'로 귀결된다. 파트너의 성관계 강요나 압박이 부당함보다 미안함으로 다가오는 것은 이 때문이다.

나는 이 고민을 토로한 여학생들에게 자책할 필요가 없다고 말하며 성관계에 대한 두려운 감정을 파트너와 대화할 수 있는지, 그 감정과 선택을 존중받았는지 물었다. 그리고 성관계는 사랑을 증명하기 위한 것이 아니며 거절했음에도 상대가 계속 요구한다면 관계를 다시 생각해볼 필요가 있다고 조언했다.

"이건 사실 나의 문제가 아니에요. 만약 상대가 나에게 충분한 믿음을 주고 성적 매력을 제대로 어필했다면 상대가 조르지 않아도 내가 먼저 (성관계를) 하자고 했을 걸요? 성관계를 '해달라'고 하기 전에 성관계를 하고 싶어지는 사람이 되어야죠."

이렇게 상담하면 다들 웃음을 터뜨리곤 하는데, 사실 상대에게 잘 보이기 위해 노력하는 것은 연애 관계를 유지하고 사랑을 쌓는 데 매우 중요한 요소다. 가부장제 사회의 낭만화된 연애는 실제로 관계를 유지하는 데 필요한 모든 '노동'을 비가시화한 채 그 책임을 오롯이 여성에게 씌운다. 그래서 여성들은 '해주어야 하나'를 고민하고, '해줌'으로써 관계를 유지해야 할 것 같은 책무를 느낀다. 사랑을 고백하고 성관계를 요구하는 쪽과 그 고백을 받고 성관계에 응해주는 쪽의 성별이 고정화된 관계는 당연하지도, 자연스럽지도 않다. 남성을 욕구의 주체로, 여성을 그 욕구의 대상으로 위치 짓는 성 문화와 권력관계를 전복할 수 있는 성교육이 시급하다.

그러나 변화의 물살은 거스를 수 없음을 현장에서 확인하곤 한다. 2~3년이 지나 같은 학교에서 젠더교육을 하며 교제폭력 관련 영상을 보여주자 남자 주인공이 소리 지르고 폭력적으로 행동하는 장면에서 여학생들은 하나같이 "우~" 하고 야유를 했다. 또 연애 관계에서의 성관계 강요에 대한 고민을 주제로 토론 활동을 했더니 성별을 불문하고 청소년 대부분이 "그것은 성폭력"이라고 분명한 입장을 밝혔다. 이 수업을 했던 무렵의 전 세계적인 미투 운동, 전국의 스쿨미투 운동과 같은 흐름이 성폭력에 대한 인식을 확장하고 폭력에 대한 감각을 세밀하게 일깨운 덕분이라고 생각한다. 이 흐름에 응답하고 한층 더 나아가기 위해 우리는 사랑과 폭력이 무엇인지 계속 배우고 끊임없이 물어야 한다.

"섹스는 좋은 거예요, 나쁜 거예요?"

금기와 혐오 사이에 갇힌 '성'

중학교 성교육 시간, 학생들에게 성(性)에 대해 궁금한 것을 쪽지에 써서 자유롭게 물어보라고 했다. 쪽지를 하나씩 펴자 공통적으로 많이 나오는 질문이 있었다.

"성관계는 좋은 건가요, 나쁜 건가요?"

나는 학생들에게 되물었다.

"성관계는 좋은 걸까요?"

성에 대해 이야기할 때 킥킥거리기도 하고 웅성거리기도 했던 학생들은 순간 조용해졌다.

"좋고 나쁜 것을 누가, 어떻게 판단할 수 있을까요? 저는 질문의 순서를 바꾸어서 생각해보면 좋겠어요. '성관계는 좋은 것일까'가 아니라 '좋은 성관계란 무엇일까'로요."

살짝 긴장되어 있던 학생들의 얼굴이 '아하!'로 바뀌었다.

"성관계는 좋을 수도 있고 나쁠 수도 있어요. 상대에 따라, 상황에 따라 마음이 달라질 수 있고요. 지금은 좋을 것 같지만 막상 해보면 싫어질 수도 있고 혹은 그 반대일 수도 있죠. 모든 성관계를 하나로 정의할 수는 없어요. 중요한 건 내가 무엇을 원하는지 스스로 알고 있는지, 그리고 상대도 그러한가 살펴보는 거예요."

수업을 마치는 종이 울렸다. 이제 막 시작해야 할 것 같은데, 아쉬운 45분의 성교육 시간. 어쩌면 이 학생들과 평생 단 한 번일지 모를 만남이었는데, 솔직하고 용감한 질문이 나왔다는 생각이 들었다. 학생들은 나의 답을 어떻게 받아들였을까? 앞으로 '좋은 성관계'를 어떻게 정의하게 될까? 그것을 알아갈 충분한 과정과 기회를 만날 수 있을까? 한편 교육 활동가로서의 나에게도 숙제 같은 질문이 떠올랐다. '아이들은 왜 성을 이분법적인 가치관으로 보게 되었을까?'

다른 중학교에서 성교육을 하다가 인상적인 일이 있었다. 그 학교는 학급별로 수업을 신행했는데, 모든 학급의 여학생 그룹에서 '성' 하면 연상되는 단어로 '아름다움'을 쓴 것이다. 그런데 이유를 묻자 명쾌한 답이 나오진 않았다.

"성이 왜 아름답다고 생각해요?"

"생명을 잉태할 수 있어서……"

"아, 그럼 임신을 이야기한 거네요. 그럼 임신은 왜 아름다울까요?"

"……모르겠어요."

"모두 같은 답을 써서 신기해요. 다들 성이 아름답다는 건 어떻게 생각하게 됐어요?"

"성교육 시간에 배웠어요!"

알고 보니 학교의 성교육 담당 교사가 수업에서 '성은 아름답다'는 말을 강조한 것 같았다. 머리와 마음이 동시에 복잡해졌다.

같은 수업을 받은 남학생들은 아무도 '아름다움'이라는 단어를 연상하지 않았다. '성은 아름답다'는 메시지가 왜 유독 여학생들에게만 주입되고 강하게 자리 잡았을까? 남학생과 여학생에게 그 메시지는 각각 성에 대한 어떤 가치관과 태도를 갖게 할 것인가? '성=임신=아름다움'으로 연결되는 도식이 품은 의도는 과연 무엇일까? 이것이 아동·청소년을 위한, 그들에게 필요한 성교육의 철학이자 방향일까?

사실 이것은 개별 학교나 교사 개인의 문제가 아니다. 교육부에서 만든 성교육 표준안의 체계와 교수·학습 지도법을 소개한 자료에도 '아름다운 성'이라는 교육 목표는 여러 번 언급되어 있다.* 성은 누구에게, 어떻게, 왜 아름다운가. 성인들에게도 성이 진정 아름다운가? 성을 아름답다고 말하는 것 자체는 문제가 아니다. '아름답다'에 포함된 내용, '아름다워야 한다'고 강조하는 방향이 무엇이냐가 문제다.

많은 성교육 수업에서 몸과 성을 형용사로 추상화하며 '보호하라'는 방식으로 선전한다. 소중하다, 귀하다, 아름답다, 아껴라, 지켜라…… 아이들은 언어만 외우는 것이 아니라 그 안에 숨은 가치관을 무의식적으로 내면화한다. '아름다움'이라는 수사는 결국 성을 '순결'과 연결시키고, 임신 목적 외의 성관계를 더럽고 문란한 것으로 만들어버린다.

성적 주체로서의 권리를 체화하기 전에 '내 몸은 소중하다'는 구호를 강조하면, 결국 '더럽혀져서는 안 되는 몸'으로 귀결되는 것이다. 이것은 역설적으로 지금껏 '아름답다'고 주장한 성이 사실은 '더럽다'는 의미로 작용해 아이들로 하여금 금기와 혐오 바깥에서 '성'을 자유롭게 느끼고 상상하지 못하게 가로막는다.

아름다움과 더러움이라는 이분법 속에서 금기와 혐오를 내포하는 성교육은 성에 대한 한국사회의 모순

---

* 교육부, 〈학교 성교육 표준안 운용의 실제 직무연수 자료집〉, 교육부, 2017 참조.

적 태도를 그대로 보여준다. 온갖 미디어에서는 아동과 청소년을 노골적인 성적 대상으로 소비하면서, 정작 현실에서 당사자를 성적 주체로 인정하지 않는다. 보호한다는 명목으로 주저앉힘으로써 이들의 성을 통제하고, 아동과 청소년이 스스로 성적 권리에 대해 사유하고 말하지 못하게 한다. 질문할 기회를 주는 대신 정답이 '있다'고 가르치며 '아름다움' 바깥에 놓인 성적 실천과 가능성의 싹을 잘라버린다.

더 큰 문제는 이런 전략이 여아와 여성 청소년에게 훨씬 강력한 억압으로 발휘된다는 것이다. 남아의 자위, 남성 청소년의 성적 호기심은 한없이 관대하게, 당연하게 여기지만 여아의 자위나 여성 청소년의 성적 욕망은 '문란하고 헤픈' 이상행동으로 여기며 불편하게 바라보는 시선은 '소중한 몸', '아름다운 성'이 누구를 향한 것인지 여실히 드러낸다.

결국 성교육은 그 사회에서 성을 누가 전유하는지와 뗄 수 없다. 한국사회의 젠더권력은 어떻게 작동하는가. 비(非)성인과 여성의 목소리는 충분히 반영되어 있는가? 성교육이 아동·청소년의 인권과 성평등 담론을 적극 도입하고 소화하지 못한다면, 결국 'n번방' 사건처럼 성교육 실패의 참혹한 결과를 반복하게 될 것이다.

성인 대상의 젠더교육을 하던 중, 한 참가자가 성

관계 경험이 있는 청소년들의 성생활을 '음지의 성(性)'이라는 말로 비유했다. 청소년의 성적 욕구를 '일탈'로 규정하고 성적 행동과 실천을 하는 청소년을 비난하며 낙인찍는 사회적 분위기는 이들이 자신의 성을 더욱 혐오하게 만들고 숨기게 한다. 사회가 이들을 배제함으로써 '음지'로 밀어 넣는 것이다. 도대체 음지와 양지는 누가 가르는가. 성인은 '양지'에서 성을 즐기고 있어서 대한민국에 이렇게 성범죄자와 성구매자가 넘치는 것인가.

100명의 사람이 있다면 100개의 성이 존재한다고 나는 믿는다. '존재'는 부정할 수 없으며 바로 우리 곁에서 숨 쉬고 있다. 성의 다양성과 성에 대해 서로 다르게 감각하는 경험 세계, 그리고 그에 대한 감정을 이야기하는 장을 더 많이 접할수록 나는 내가 한 인간으로서 성장한다고 느낀다. 있는 그대로의 나를 존중받으며 안전함을 느끼고, 다른 이들과 더불어 자유롭게 살아갈 힘을 얻는다.

'이런 경험을 어릴 때부터 했다면' 하는 아쉬움이 들 때가 있다. 어릴 때부터 솔직하고 개방적인 성적 대화를 누군가와 나눌 수 있었더라면, 아름답지 않더라도 나의 성을 긍정할 수 있었더라면, 나 외에도 99개의 성이 세상을 함께 살아가고 있다는 걸 배웠더라면. 삶은 무지갯빛처럼 충만하고 있는 그대로 충분했을 것이다. 당신은 다음 세대가 그렇게 살아가기를 바라지 않는가? 그들의 무지갯빛 삶을 지지할 준비가 되었는가?

당신의 '첫 경험'
여성이 성에 대해 '말하기'

성인을 대상으로 성교육을 열 때 도입에서 자주 하는 질문이 있다.

"'첫 경험'하면 뭐가 떠오르나요?"

현장에서 바로 입을 떼지 않더라도 대부분의 사람이 머릿속으로 '누군가와 처음 한 섹스'를 떠올린다는 걸 알고 있다.

"'첫 경험'에 대한 정의가 사람마다 다르겠지만, 저에게 성적인 '첫 경험'은 유치원 때 한 자위입니다."

누가 가르쳐준 적도 없었는데 나는 대여섯 살 무렵 한동안 자위에 '빠졌다'. 하원하고 집에 돌아오면 내 방으로 직행해 가방을 던져놓고 이불 안에 들어가 자위를 하곤 했다. 하고 나면 왠지 노곤해져 스르륵 잠들었

169

는데, 그 느낌이 참 좋았던 기억이 난다. 다만 어렸음에도 이것을 누군가에게 말하거나 들키면 안 된다고 생각해 늘 집에 아무도 없을 때만 자위를 했던 것도 기억한다.

그러나 성인이 되고 나서도 페미니즘에 관심을 가지기 전까지 여성의 자위에 대한 경험과 정보는 어디에서도 접할 수 없었고, 말할 수도 없었다. 대학 때 학보사에 '여성과 자위'를 주제로 한 칼럼을 익명으로 싣자 남학생들이 이 글을 누가 썼는지 찾아내려는 모습을 보고 나는 더욱 입을 다물어버렸다.

수업에서 이런 다소 '도발적'인 질문을 던지는 이유는 다른 사람들의 성경험이 궁금해서가 아니라, 성에 대한 시야를 넓히고 '다른' 상상력을 유도하기 위해서다. '섹스' 하면 무조건 이성애자 사이의 일 대 일 성기 결합 방식의 성행위만 연상하게 되는 협소한 사유에서 벗어나는 것이 성교육에서 중요한 부분이라 생각한다. 그것을 '정상'의 기준에 놓는 순간 그 외의 것들은 배제되거나 혐오의 대상이 되기 쉽기 때문이다.

이성애자의 성기 결합 방식 섹스에서도 여성의 성은 배제되기 쉽다. 우리가 성관계를 '한 번' 했다고 말할 때, 보통 그 '한 번'은 남성의 사정 횟수를 기준으로 한다. 결국 남성이 성적 쾌락의 정점에 다다르는 것이 '성관계 1회 완성'의 기준이 되어, 이런 성적 정의(定義) 안에서 여성은 종속적인 위치가 될 수밖에 없다. 만약 여성의 오르가슴을 기준으로 성관계의 양과 질을 따진다면 이성애 성관계의 패러다임에는 지구를 뒤흔들 혁신이 필요할 것이다.

'첫 (성적) 경험'은 젠더적으로도 다른 의미를 갖는다. 흔히 '총각'이라는 말에서 사람들은 '결혼하지 않은 남자'를 떠올리나, '처녀'라는 단어에서는 결혼 여부를 넘어 '성적 경험이 없는, 순결한 여자'까지 연상한다. 요즘도 가끔 쓰이는 '처녀작' 같은 말이나, 골프를 시작하는 것을 여성의 첫 성 경험에 비유하는 '머리를 올린다'와 같은 은어 등도 마찬가지다. 과거에 비해 성적으로 개방적인 세상이 되었다고들 하지만, 아직 우리 사회에서는 여성의 성적 경험에 유독 과한 의미를 부여하며 그것으로 '어떤 여자인가'를 판단한다. 인터넷 남초 커뮤니티 같은 곳에 올라 있는 여자친구의 '과거'에 대해 고민하는 글이나, 성형외과와 산부인과의 '처녀막 복원 시술' 광고를 여전히 심심찮게 볼 수 있지 않은가.

사춘기 아들의 방에 좋은 물티슈나 휴지를 비치해놓는 것이 센스 있는 양육자라 공공연하게 말하면서도, 딸의 자위에 대해서는 가정과 학교 어디에서도 제대로 가르치지 않는다. 오히려, 딸의 자위를 목격한 양육자가 그것을 비정상적 발달 문제로 보고 걱정하는 경우도 많다. '섹스'는 오로지 남성의 만족을 중심으로 이루어지는, 여성은 아무것도 몰라야 하는 세계이기 때문이다. 이렇게 기울어진 관계 위에 놓여, 욕망도 언어도 비어 있는 여성의 섹슈얼리티는 어떻게 찾을 수 있고, 어떻게 말할 수 있는가? 이것이 여성들과의 섹슈얼리티 워크숍 작업에서 출발한 질문이다.

섹슈얼리티 워크숍 초반에는 성에 대한 나의 감정을 살펴보는데, 여성들은 '성' 하면 떠오르는 느낌으로 긍정적인 것보다 부정적인 것을 고르는 경우가 많았다. 두렵다, 불안하다, 귀찮다, 답답하다 등등. 그 근간이 무엇인지 이야기해보면 여성에게 '성'은 대표적으로 성폭력과 임신/월경이라는 두 가지 문제와 연결되어 있었다. '섹스'라고 했을 때 떠올리기 쉬운 쾌락이나 연애, 사랑과는 거리가 먼 것들이다. 성폭력과 임신에 대한 공포는 결국 여성이 어떤 성적 상황에서도 안전함을 느낄 수 없는 현실을 그대로 보여준다. 동의가 없는 성관계는 성폭력이 되고, 동의한 성관계더라도 임신에 대한 불안과 책임이 동반되어 온전한 즐거움만으로 채울 수 없다(더구나 한국의 콘돔 사용률은 세계 최하위권으로 알려져 있다[*]).

---

[*] "2017년 기준 한국 콘돔 사용률은 15.4%로 경제협력개발기구(OECD) 가입국 중 최하위다." 허란, 〈"다들 망한다고 했어요. 여자는 콘돔을 안 산다는 거죠."〉, 《한국경제》, 2022년 6월 20일, https://www.hankyung.com/article/202205055614i.

하지만 성이 두렵거나 무섭다고 해서 여성이 성적 존재가 되기를 거부하며 살 수도 없고, 그것이 우리가 궁극적으로 찾아야 할 답도 아니다. 여성이 자신의 성적 권리를 온전히 실현하기 위한 힘을 되찾고, 그러한 삶의 조건을 만들어 나가는 길을 함께 내야 할 것이다. 그 첫 단추로 여성 스스로 성에 대해 말하는 경험이 필요한데, 섹슈얼리티 워크숍에서 그것을 시도해보면 처음에는 어렵다는 반응이 많았다. 성적 '대상'으로서 '평가'당하는 경험에는 익숙하지만, 살면서 자신의 성과 몸에 대해 주체적으로 사유하고 자유롭게 표현하며 누군가와 소통해볼 기회는 거의 없었기 때문이다.

몇 년 전 내가 활동했던 단체에서 여성의 섹슈얼리티를 주제로 한 특강을 열었을 때 "언니들의 명랑한 섹스 라이프를 찾아서"라는 홍보 문구를 현수막에 써서 마을에 게시한 적이 있다. 그런데 어떤 남성 주민이 그 현수막을 보고 화를 냈다는 이야기를 들었다. "어떻게 감히 마을 한복판에 버젓이 '섹스'라는 말을 쓸 수가 있느냐"라는 것이었다. 그 무렵 마을에서는 술자리에서 여성들의 몸매를 품평하는 것에 대한 문제가 제기되기도 했는데, 나는 왜 술자리의 '음담패설'은 성희롱이라 하지 않고 성교육에서 쓰이는 '섹스'라는 말이 잘못되었다 하는지 이해할 수 없었다. "어떻게 감히"라는 말은 성에 대한 발화 권력이 누구에게 있는지 보여주는 것 아닐까?

　　이렇게 여성의 성을 대상화하고 소비하는 것은 자연스러운 반면 여성이 주체적인 성적 욕망을 표현하는 것은 금기시되는 문화에서 여성들이 성에 대해 말하기 위해서는 무엇보다 안전과 신뢰가 담보되어야 한다. 그래서 워크숍 첫 시간에는 꼭 공동의 약속을 함께 만들고 정한다. 워크숍을 하는 집단은 달라도 내용은 대부분 비슷한데, '본인이 안전하다고 여기는 만큼 개방하기', '나와 다른 경험에 대해 편견을 갖거나 판단하지 않기', '비밀 준수하기' 등이다. 더구나 잘 모르는 이들끼리 맹숭맹숭 둘러앉아 본인을 개방하고 대화하기에는 좀 부담스러울 수 있는 주제라, 워크숍은 강의가 아닌 글쓰기를 통한 프로그램이나 타로 카드를 도구로 한 집단상담 형태로 진행했다. 그러한 방식은 참여자들 사이에 유대감을 자연스레 스미게 하면서, 내밀하고도 안전한 느낌을 주었다.

　　(적어도 내가 진행하는) 섹슈얼리티 워크숍의 목적은 성관계 방법을 가르쳐주거나 서로의 성경험을 공유하는 것이 아니라, 성적 존재로서의 자신과 '성'에 대한 관점을 돌아보는 데 있다. 워크숍에서 자신의 몸과 성에 대해 정의를 내려보라고 하면, 여자들은 말을 잃곤 한다. 평생 갖고 살았지만 한 번도 생각해본 적이 없다거나, 어떻게 표현해야 할지 모르겠다는 것이다. 우리는

온갖 미디어에서 여성의 몸과 성적인 여성이 전시되는 것을 매일 보고 사는데 정작 본인의 '것' 앞에서는 말문이 막히게 되는 현실이, 정말 말문이 막힐 따름이다. 그렇지만 정답이 존재하는 질문이 아니고 나에게 맞는 답을 찾아가는 과정이기에 어떤 칸은 그대로 비워두기도 하며 각자에게 가능한 속도와 밀도에 맞춰 워크숍은 진행된다. 어떤 면에서는 '평생 몰랐거나 없었다'는 사실을 확인하고 직면하는 일이 우리에게 가장 필요한 순간이며 그 순간이 '각성'의 출발일 것이다. 이제부터 '나'로 살 계기가 열렸기 때문이다.

워크숍에서 성에 대한 접근은 서사적으로 이뤄진다. 성을 중심으로 내 인생의 과거-현재-미래를 순서대로 떠올리며 공통의 질문 속에 각자 자신의 경험과 욕구를 더듬어본다. 처음 성감(성적 감각)을 느낀 순간의 기억이 어떤지, 나의 성을 억압한 사람이나 경험이 무엇인지, 반대로 성에 대한 긍정성과 즐거움을 느끼게 한 사람이나 경험은 없었는지 등을 글로 풀어본 다음 본인이 개방하고 싶은 내용을 공유한다. 집단에 대한 안전함과 신뢰가 형성되면 여성들은 생각보다 더 과감하게 자신의 경험을 꺼내놓았다. 누군가 용기가 필요한 '말하기'를 시작하면 참여자들은 더욱 진심으로 경청하고 열렬히 호응했다. 폭력과 상처에 대한 이야기가 나오면 함께 분노하며 위로하고, 자기혐오와 수치로 여겨온 경험을 고백하면 격려와 응원이 쏟아졌다.

의외로 웃음이 터지는 순간도 많았다. 서로 좀 편안해져서 솔직한 성적 대화가 무르익으면 조심스러움이나 민망함은 사그라들고, 절묘한 '티키타카'와 '섹드립' 같은 성적 농담이 끊임없이 흘러나온다. 그런 순간이면 여중에 다닐 때 친구들과 야한 소설이나 만화를 돌려보며 킥킥거렸던 기억이 겹쳐지곤 했다. 맞다. 성은 막연히 무섭고 잘 모르겠는 영역만이 아니라, 재밌고 웃기고 어이없기도 한 것이지. 술자리 음담패설처럼 기분 찝찝한 방식 말고도 충분히, 우리도 이렇게 거침없이, 천연덕스럽게, 그리고 가볍게 갖고 놀 수 있는 건데. 어쩌면 성적 주체가 된다는 건 거창하기보다 이런 순간 같은 것일지도 몰라. 성희롱당할 때 웃어주지 않아도 되고, 남들이 날 어떻게 볼까 의식하지 않고 성적 대화를 즐길 수 있다면 여성도 성을 편하게, 자유로이 즐길 수 있을 것이다.

섹슈얼리티 워크숍은 성인 여성뿐 아니라 중·고등학생이나 성인 남성 그룹에서도 해보았는데, 일반적인 성교육 강의보다 교육의 밀도와 참여자의 호응이 모두 높은 편이었다. 우리의 일상적인 관계에서 이런 방식이나 내용의 성적 대화가 평소 거의 이뤄지지 않기에, 여성뿐 아니라 다른 대상들에게도 새롭게 다가갔을 것이다. 또한 불필요한 검열 없이, 유연한 태도와 열린 마음으로 '성'에 대한 이야기를 꺼내고 공유하는 일은 누구에게나 필요한 경험이라 생각한다. 그럼에도 불구하고 여성들을 위한 섹슈얼리티 워크숍이 더욱 특별한 의미를 가지는 이유는, 여성에게 성에 대한 '말하기'의 장이 아직 더 많이 필요하기 때문이다. 워크숍에서 발화와 경청을 통해 공감과 연대를 경험한 여성들은 지금까지 '빈칸'으로 존재한 자신의 성에 새로운 이야기를 쓰고, '나'로 살아갈 수 있을 것이다.

교실 밖 젠더 수업
새로운 실험과 시도

프리랜서의 숙명이 다 그렇듯 젠더교육 강사 또한 누군가 불러줘야만 강의를 할 수 있다. 직업적, 경제적 불안정은 일하며 어쩔 수 없이 감수해야 할 부분이지만, '교육 현장에서 내가 원하는 수업을 할 수 있는가'는 또 다른 고민의 지점이다.

특히 학교에서 청소년을 대상으로 수업할 때면 학교라는 환경과 문화를 둘러싼, 많은 것들을 고려해야 하기에 교육이 다룰 수 있는 주제와 범위 모두 협소해지고 강사는 소극적인 태도를 취하게 된다. 학교에서는 언제나 문제, 아니 '사고'가 없길 바란다. 그러려면 수업은 학생들을 '자극'해선 안 되고, (학생뿐 아니라 교사, 양육자 등 모두를 포함해) 누구의 '심기'도 거스르지 않도록 수준과 수위를 모두 최대한 '무난'하게 맞춰서 진행해야 한다. 그렇게 기계적 균형 또는 중립에 맞춰진 수업에서는 당연히 하나마나한 소리만 늘어놓을 수밖에 없다. 청소년, 학생들이 '성교육' 하면 "뻔하고 재미없다"라고 입을 모아 말하는 이유가 이것 때문이 아닐까.

외부 강사의 위치에서 학생들을 만날 때 수업에 대한 권한이 거의 없는 것도 강사가 교육에 주도권을 발휘할 수 없는 중요한 이유다. 학교 내부의 질서 체계와 입시 위주 교육에 익숙해진 학생들에게 외부 강사가 진행하는 폭력예방교육이나 성평등 교육은 성실하게 참여해야 할 이유도, 의무도 없는 시간이다. 평소 별 관심도 없는 주제인데 성적에도 들어가지 않고, 잘 듣지 않아도 상관없다면 학생 입장에서 동기 부여가 될 리 만무하다. 수업이 뚜렷한 명분이나 '힘'을 가질 수 없으니 그 수업을 맡은 강사 역시 학생들의 참여를 개개인의 '선의'에 기대는 실정이다. 교사를 비롯한 성인들 또한 이 교육을 '업무 시간에 방해가 되는 것'으로 취급하며, 출석부에 서명만 하고 강의에서 이탈하는 경우가 수두룩하다. 학생들의 태도만 나무랄 일도 아니다.

아무리 돈 받고 하는 일이지만, 이런 상황을 반복해서 맞닥뜨리는 것은 결코 유쾌하지 않다. 내 일에 대한 성취감과 긍지보다 무력감과 회의가 커진다. 그래서 나는 강사로서 더 주도적이고 자율적으로 교육할 수 있는 기회와 장을 스스로 만들어보기로 했다. 내가 하는 일에 재미와 보람을 느낄 수 있어야 힘들어도 계속해 나갈 의지와 의미가 생기기 때문이다. 그 첫 번째 시도가 '성평등연구 교사모임'이었다. 지역에서 성평등 교육에 관심 있는 현직 교사들을 모집해 세미나와 워크숍 등 다양한 활동을 함께하며 정기 모임을 갖고, 각자 자신의 학교에서 진행할 성평등 교육을 기획하기로 했다.

학교 밖에서 현직 교사를 대상으로 젠더교육을 시도한 이유는 학생들에게 외부 강사가 일회성으로 수업하는 것보다 매일 만나는 일선 교사들이 일상에서 직접 교육하는 게 훨씬 효과적이고, 바람직하기 때문이다. 학교에서 교사는 학생보다 많은 권력을 가졌으며 학생에게 직접적인 영향을 줄 수 있는 사람이다. 교사의 젠더감수성에 따라 학교 문화가 천차만별인 모습을 나는 자주 보았다. 몇 년 전 전국 100여 개 학교에서 일어난 스쿨미투 운동에서 학생들로부터 가해자로 지목된 이들 대부분이 (남)교사였던 사실을 보더라도, 학생의 안전과 인권을 위해 교사의 젠더감수성은 필수적이다.

다행히 학교에는 성평등 이슈를 중요하게 다루고 성평등 교육을 실천하고자 하는 교사들도 많다. 나는 '성평등연구 교사모임'을 통해 그런 반짝이는 선생님들을 직접 만날 수 있었다. 모임을 열자 여러 지역에서 초등학교부터 고등학교까지, 일반 학교와 대안학교를 망라한 열 명의 교사가 모였다. '페미니즘 리부트' 이후 교사 집단 내에서도 성평등 교육을 함께 고민하고 연구하는 모임들이 생겨나기 시작했는데, 주로 수도권이나 대도시 중심이었다. '성평등연구 교사모임'을 주최했을 때 예상보다 많은 선생님이 신청하고 주위에서 관심을 보인 이유는 아마 지역에서 이런 활동이나 시도가 없기 때문이었을 것이다. 모임은 강의와 토론, 참여 활동을 병행하며 약 반년간 한 달에 한 번꼴로 이루어졌다.

이 모임의 첫날, 테이블에 빙 둘러앉은 열 명의 선생님들이 어색하고도 호기심 어린 얼굴로 서로 인사하던 모습이 기억에 생생하다. 모임을 신청한 동기에 대해 나눌 때 선생님들은 "학생들이 페미니즘에 관심이 많아져서", "학교에서 성평등, 페미니즘에 대해 의견이 엇갈리는데 앞으로 잘 싸워보고자", "교사들끼리의 이런 그룹에 갈증이 있어서" 등 다양한 이유와 욕구를 들려주었다. 또 어떤 선생님은 "더 나은 사람이 되고 싶어서"라고 말씀하셨는데, 더 나아진 학교를 바라며 학교 밖에서 새로운 판을 깔아놓은 나에게 그 말이 왠지 뭉클하게 다가오기도 했다.

모임에서는 성평등 교육 자체에 대한 내용만 다루지 않았다. 타로 카드 프로그램을 통해 교사로서의 자기 정체성을 살펴보고 학교라는 일터의 조직 문화를 성인지적 관점으로 분석하는 작업, 지역 고등학교의 스쿨미투 사건을 둘러싼 이슈를 통해 학교의 성폭력 문제 해결 방안을 고민해보는 시간 등 교사이자 노동자, 동료 시민 등 다양한 위치와 관점에서 학교와 성평등 문제를 연결해 사유할 수 있도록 했다. 그리고 모임 후반부에 각자가 속한 교실에서 시도하고 싶은 성평등 수업을 기획해 공유하고, 페미니스트 교사로서 성평등한 학교 문화를 만들기 위해 할 수 있는 일들을 찾아보았다.

　모임을 진행하며 나 역시 선생님들에게 많이 배우고, 학교의 일상 문화와 교육 시스템을 더 구체적으로 이해할 수 있게 되었다. 대부분의 학교는 관리자가 큰 결정권을 갖고 있어 교사들이 민주적이고 평등한 소통을 하기도 어렵고, 교사 성별에 따라 성고정관념에 기반한 역할이 주어지기 쉬웠다. 특히 젊고 비혼인 여교사는 '여초 사회'인 학교에서조차 상대적으로 취약한 위치에 놓여 있었다. 학교 시상식이나 행사 때 교장 옆에서 꽃다발을 전달해주는 역할을 젊은 여교사가 맡는 경우가 많은데, 이를 '꽃순이'라 부른다고 한다. 반면 젊은 남교사에게는 학교 시설물 관리 같은 역할을 많이 맡기는 편이었다. 우리 모임에 적극적으로 참여하고 끝까지 수료한 분들이 모두 청년층 여교사였음은 우연이 아닐 것이다.

　선생님들은 성평등 교육을 전파하기 위해 각자의

자리에서 이미 분투 중이었다. 학생들과 페미니즘 도서를 같이 읽고, 새로운 주제의 성평등 수업을 실험하고, 성평등 이슈와 관련해 지역의 동료 교사들과 연대 활동을 하는 모습을 모임 과정과 이후에도 계속 볼 수 있었다. 이들의 노력과 용기 있는 도전 덕분에 학생들은 더 좋은 성평등 교육을 받으며 성장하고, 학교는 조금씩 더 나아진다.

학교 밖에서 시도한 두 번째 젠더교육은 마을 청소년을 대상으로 한 성교육 동아리 활동이었다. 그간 학교에서 성교육을 하며, 청소년들이 '성'에 대해 더 자유롭게 소통하고 질문하기 위해서는 무엇보다 '말해도 된다'는 안전함이 확보되어야 한다고 느꼈다.

학교에서는 의무적으로 성 관련 교육을 매년 15시간 이상 해야 하지만 아이러니하게도 학교에서 '성'은 금기시된 주제다. 사춘기에는 성에 대한 호기심이 왕성해진다면서 '2차성징'에 대해서는 수업도 하고 시험도 치르는데, 그와 동시에 연애나 섹스하는 청소년은 색안경을 끼고 본다. 심지어 연애나 섹스는 대학 가서 하라는 말을 대놓고 하는 등 성에 대한 욕구나 표현 모두를 잠가버리는 경우도 수두룩하다. 그래서 청소년들에게 성적자기결정권을 가르치는 것조차 못마땅히 여기는 어른들도 종종 볼 수 있다. 이러한 환경에서 처음 보는 외부 강사가 성교육을 했을 때, 학생들이 강사를 믿고 수업에 적극적으로 참여하기란 어렵다.

마을 청소년 성교육 동아리는 14~17세 청소년 대여섯 명을 모아 진행했다. 첫날에는 앞으로 동아리에서 지킬 공동의 약속을 참여자들 스스로 만들고, 성교육이 왜 필요한지 구체적으로 이야기를 나눠보았다. 그리고 그동안 접한 성교육의 내용을 검토한 후, 자신이 배우고 싶은 성교육 주제를 생각해보았다. 청소년들이 일방적으로 배워온 성교육의 틀을 넘어, 자신에게 필요한 교육을 고민함으로써 동아리에서 자기 주도적으로 참여하게 하기 위해서다. 성교육 동아리는 강의보다 토론과 참여 활동 위주로 이루어진다.

첫 단계에서는 자신의 성적 지식을 점검하고 그것을 다른 사람들과 공유하며 내가 '안다/옳다고 믿는 것'이 올바른지 확인한다. 청소년들은 대부분 온라인 검색을 통해 지식과 정보를 구하므로, 온라인이라는 도구를 제대로 사용하고 거기에서 도출된 자료를 올바르게 분석하는 과정도 교육에 포함될 수밖에 없다. 그래서 최근에 이뤄지는 성/젠더교육에서 미디어 리터러시가 적용되거나 그것 자체를 주제로 다루는 경우가 많다. 우리 동아리에서도 마지막 시간에 외부 전문가를 초대해 미디어 수용자이자 생산자로서 '본다'는 행위에 내포한 권력의 의미를 이해해보는 시간을 가지기도 했다.

동아리 참여자들이 찾은 성과 관련된 용어를 정

의하고 뜻풀이를 찾아 토론하다 보면 편향적이거나 차별적인 내용, 그리고 '가짜 정보'가 걸러진다. 게임이나 SNS 등 청소년들이 일상에서 많이 사용하는 온라인 콘텐츠에서 무분별하게 사용되는 용어를 이 기회에 재평가하고, 그것의 사용 여부를 본인이 판단할 수 있게 되는 것이다. '무엇이 옳다'라는 방향을 누군가 처음부터 제시하는 것이 아니라, 옳고 그름의 기준을 스스로 다시 생각해보고 다른 사람들의 의견 청취와 토론을 통해 다듬어가는 과정을 경험하게 하는 것은 배움을 더 잘 흡수하게 만들고 지식의 뿌리를 단단하게 해준다. 그리고 청소년은 온·오프라인 공간에서 모두 주로 수용자의 위치에 놓여 일방적으로 교육받기 쉬운데, 이들이 젠더 관점에서 콘텐츠를 비판적으로 분석하는 경험을 하면서 주체성과 성평등 의식을 기를 수 있다. 동아리 활동이 끝나고 나서 참여자들도 자기 주도적 학습에 대한 긍정적인 소감을 많이 남겼다.

한편 동아리 활동을 하며 뜻밖의 장벽을 만났는데, 바로 온라인 검색을 했을 때 '19금' 정보라며 청소년의 접근이 차단되는 상황이었다. '성'에 관해 검색하다 보면 "청소년에게 노출하기 부적합한 검색결과를 제외하였습니다"라는 문구가 뜨고 내용을 볼 수 없는 경우가 많았다. 그래서 필요에 따라 성인인 내 계정으로 접속해 정확한 정보를 찾아보기도 했는데, 검색 결과가 왜 청소년에게 부적합한지 이해할 수 없기도 했다. 미성년자에게 유해한 것을 판단하는 기준이 과연 무엇일까? 온갖 광고나 미디어에 미성년자와 여성을 성적으로 대상화하고 성폭력을 유흥거리로 묘사한 듯한 이미지는 버젓이 노출되어 있는데, 정작 당사자들에게 필요한 정보는 가로막혀 있는 현실이 아이러니했다. 이 기만적인 모습은 성과 아동·청소년을 바라보는 한국사회의 왜곡된 시선, 아동·청소년의 성적자기결정권이 제대로 '보호'받을 수 없는 현실을 보여준다. 청소년들에게 무해한 성적 정보를 전달하고 싶다면, 성폭력 사건을 다루는 법적 용어나 언론 보도에서 불법촬영물을 '음란물'이라고 표기하는 행태부터 바꿔야 하지 않을까?

마을 청소년 성교육 동아리 활동은 성교육의 중요성에 공감하는 양육자와 참여 의지가 있는 교육 대상, 그리고 학교 밖이라는 자유로운 공간이 만나 강사로서 더 편안하고 즐겁게 일할 수 있는 자리였다. 동아리 참여자들 역시 교실에서처럼 타인의 눈치를 보지 않고 자신의 의견을 표현할 수 있었다는 점에서 만족감을 느꼈다고 했으며, 동아리를 하기 전보다 성을 보는 시야가 넓어졌다는 소감을 밝혔다. 이 동아리의 이름은 '도란도란'이었는데, '도란도란'하게 성적 대화를 나눈 이들처럼 더 많은 청소년에게 이러한 기회가 주어지면 좋겠다. 미투 운동 이후 강남을 비롯한 '부자 동네'에서는 성교육이 사교육 시장에 들어와, 잘사는 부모를 둔 어떤 청소년들은 따로 '양질의 교육'을 받는다는 이야기를 들은 적이 있다. 마치 과외처럼 소그룹을 형성해 유명 성교육 전문가에게서 성에 대한 구체적이고 실질적인 교육과 상담을 받는 것이다. 학생은 많고 시간은 부족한 학교에서 제공하는 성교육과 전혀 다른 차원의 경험일 것이다. 성교육마저 계급 차가 생기는 현실이 씁쓸하다. 성교육은 결국 인권 교육이고 인권이 누구에게나 평등한 것처럼 성교육 역시 학교 안과 밖 어디서도 한 사람 한 사람에게 똑같이, 더 가까이 다가가야 한다.

젠더교육의 현장을
기록한다는 것

2000년대 초반 대학 신입생이던 나는 여름방학 동안 한 소도시의 청소년 상담센터에서 인턴 근무를 했는데, 어느 날 특성화 남자 고등학교(당시 전문계 고등학교) 학생들을 대상으로 진행했던 진로 탐색 프로그램 결과를 정리하는 업무를 맡았다. 학생들이 가장 선호하는 직업이 무엇인지 추리고 통계를 내는 일이었다.

그때, 놀랍게도 가장 많이 나온 직업이 '포주'였다. 혹시 학생들이 장난으로 쓴 것 아닐까 생각했는데, 그 이유가 꽤 구체적이었다. "돈을 많이 벌 수 있어서." "술을 실컷 먹을 것 같아서." "여사랑 공짜로 잘 수 있어서." 그 지역은 성산업이 지역경제의 한 축으로 알려질 만큼 성매매업소가 흔한 곳이었다. '그럼 포주도 많이 봤겠지. 그리고 입시 교육을 받지 않는 입장에서 다른 진취적인 미래를 자유롭게 꿈꿀 수 없기 때문일까.' 좀 안일한 생각이지만, 당시 나는 그렇게 생각했다. 포주를 직업이라 생각해본 적 없던 나로서는 그런 추측 외에 학생들을 '이해'할 방법이 없었다.

그로부터 20여 년이 흐른 뒤 나는 같은 지역의 인문계 남자 고등학교에서 성매매 예방교육을 하게 되었다. 강의 중간 쉬는 시간, 대통령이 꿈이라는 학생 하나가 내게 다가와 열심히 질문했다.

"성산업이 그렇게 지역경제에 영향을 준다면, 그걸 발전시키는 게 경제성장에 도움이 되지 않을까요?"

나는 그날 강의에서 성매매업소 주변의 지역상권이 성산업에 어떻게 가담하는지, 성매매 피해자가 그 '거미줄' 같은 구조에서 어떻게 착취당하는지 설명했다. 그런데 내게 질문한 학생은 성매매 피해자를 옭아매는 그 '거미줄'을 지역경제를 살리는 방법이라 생각한 것이다. 같은 자료로 여러 학교에서 수업을 했지만 이런 반응은 처음이었고, 들으며 마음이 복잡해졌다.

"아까 제가 이야기한 피해자의 인권에 대해서는 생각해보지 않았나요?"

"인권은 최대한 지켜주면 되죠. 저는 성매매방지법을 없애고, 성산업을 부흥시키는 것을 대통령 공약으로 내걸 거예요."

강의를 의뢰했던 선생님은 나중에 내게 다가와 질문한 학생이 학교에서 가장 똑똑한 아이 중 하나라고 말해주었다. 이 지역은 성매매방지법 제정의 도화선이 된 성매매업소 화재 사건이 일어난 곳이었다.

2020년 텔레그램을 기반으로 한 집단 성착취 범죄, 이른바 'n번방' 사건이 공론화된 후 폭력예방교육 현장에서는 '성폭력'과 '성매매', '성착취'를 혼용해서 쓰는 경우가 많아졌다. 현실에서 성폭력이 '거래'되고 있기 때문이다. 'n번방' 사건에서 드러난 가장 끔찍한 사실 중 하나는, 성폭력을 저지르면 인생이 망하는 게 아니라 떼돈을 벌 수 있는 세상임을 모두가 알게 되었다는 것이다. 이는 단순히 자본주의의 문제만으로 설명할 수 없다. 성범죄자 개인 인성의 문제도, 그가 '사이코패스'여서도 아니다. 성착취 현장에 가담한 수만 명의 사람은 여성의 신체와 정서에 고통과 공포감을 주는 행위에 기꺼이 돈을 지불하고 그것을 오락거리로 '관전'했다.

최근 반성매매 운동에서는 성매매 근절을 위해 '(성구매) 수요 차단'을 계속 주장하고 있다. 한국사회에서 성의 '수요'란 남성의 욕망과 남성성의 발현을 중심으로 형성되었다. 자본과 수요가 만나 젠더기빈 폭력은 일부 남성 청소년들에게 '쉬운 돈벌이'로 여겨지게 되었다. 이렇게 극단적이고 폭력적으로 젠더화된 '수요'

에 대해 들여다보지 않는 성교육은 껍데기일 뿐이다. 그러나 안타깝게도 미투 운동 이후 백래시 현상이 나타나고 '젠더 갈등'이라는 용어가 유행하면서부터 성교육 현장에서는 성차별 문제를 다루기가 더 조심스러워졌다. 성별 임금격차가 세계에서 가장 높고 성폭력 피해자의 90퍼센트 이상이 여성임에도 불구하고, 여성의 존재와 목소리를 지우려는 움직임이 정책과 교육 등 모든 분야에서 일어나는 중이다. 불편함을 불편해하는 분위기에 짓눌려 우리는 진정한 의미의 성평등에 대해 배울 기회를 놓치고, 민주 시민으로서 성장할 기회를 잃는다.

좋은 성교육은 뛰어난 강사 한 명의 역량만으로 만들어질 수 없다. 그 사회가 가진 성에 대한 인식과 문화, 제도 모두가 교육에 영향을 미친다. 특히 아동·청소년은 보호라는 테두리 속에서 성에 대한 어른들의 생각과 태도를 답습한다. 고등학생이 성폭력/성매매 범죄를 바라보며 피해자에 대한 공감과 이입보다 '경제'를 먼저 떠올린 것은 누구 때문이겠는가. 스쿨미투 고발자인 딸들에게 "미투는 대학 가서 하라"라며 혼냈다는 양육자들 이야기를 들었을 때, 자식의 인권조차 뒷전인 사회에서 아이들은 과연 무엇을 배우고 기대할까 싶어 가슴 한쪽이 무너지는 기분이었다.

나는 '성'이 우리 삶의 많은 주제를 포함하고 있기

에 성교육은 그것을 함께 다루고 가르쳐야 한다고 생각한다. '나는 누구인가?'라는 철학적 질문에서부터 '우리는 어떻게 살아야 하는가?'라는 윤리의 문제까지, '사랑이란 무엇인가?'라는 감정의 영역에서부터 '공존을 위해 무엇이 필요한가?'라는 관계의 방법까지 말이다. 그러기 위해서는 성교육이 기존의 신체 중심적 관점으로 생물학적 지식을 전달하는 데서 나아가, 성에 대해 자유롭게 탐구하고 주체적으로 상상할 수 있는 대화와 토론의 장을 열어야 한다. '가해자/피해자 되지 않기'에 그치지 않고 정의롭게, 그리고 나답게 살아가는 것을 지지할 수 있는 성교육이 필요하다.

지금처럼 1년에 1시간, 일방적 전달로 '퉁치는' 성교육 수업으로는 어떤 의미나 효과를 기대할 수 없다. 성교육이 일반 교과목처럼 일상적인 교육이 되거나, 유네스코의 포괄적 성교육 체계를 도입해 실시할 수 있다면 좋겠다. 물론 성교육의 확대와 새로운 성교육의 적용에 앞서 풍부한 사회적 논의와 전문 인력의 양성 등 많은 준비가 필요할 것이다. 무엇보다, 성에 대한 담론과 교육이 학교나 성교육이 의무화된 특정 기관뿐 아니라 사회 곳곳 어디에서도 활발하게 펼쳐지면 더욱 좋을 것이다. 우리는 모두 성적 존재로서의 권리를 갖고 있으며, 성에 대한 인식과 문화는 계속, 그리고 빠르게 변화하기 때문이다.

강사로 활동한 지 올해로 7년째를 맞았지만, 나는 여전히 성교육이 어렵다. 그리고 오늘 좋은 수업을 했는지 매번 확신하지 못한다. 이 책 곳곳에서 강사로서 나의 혼란과 고민이 발견될 것이다. 나는 그것과 치열하게 마주하기 위해 글을 썼고, 다른 이들과 나누고자 세상에 내보낸다. 역설적이지만 좋은 교육은 혼란과 고민을 불러온다고 믿는데, 그것을 우리가 함께 잘 소화할수록 한 걸음 더 나아가고 변화할 수 있기 때문이다. 젠더교육 현장의 기록은 사적인 에피소드가 아니라, 우리 사회의 젠더의식과 교육의 문제를 보여주는 하나의 창이 될 수 있다고 생각한다. 이 책이 앞으로 성교육을 어떻게 할 것인지 고민하는 이들에게 작은 힌트가 되기를 바란다.

젠더 수업 리포트

초판 1쇄 펴낸날 2023년 12월 22일
지은이 이유진
펴낸이 박재영
편집 이정신·임세현·한의영
마케팅 신연경
디자인 조하늘
제작 제이오
펴낸곳 도서출판 오월의봄
주소 경기도 파주시 회동길 363-15 201호
등록 제406-2010-000111호
전화 070-7704-5809
팩스 0505-300-0518
이메일 maybook05@naver.com
트위터 @oohbom
블로그 blog.naver.com/maybook05
페이스북 facebook.com/maybook05
인스타그램 instagram.com/maybooks_05

ISBN 979-11-6873-085-4 03330

만든 사람들
책임편집 이정신
디자인 조하늘